현대 중국어 문법

장 석 만 씀

제 일 어 학

저자 **장 석 만**

지은이 장석만은 중국에서 수년간 한국유학생을 대상으로하여 현대중국어를 강의해 왔습니다.

현재는 한중 문화교류를 테마로 한 해외여행 안내서 기획 및 중국어 교재 제작, 집필활동 중입니다.

저서로는 「새 중국어」1, 2

　　　　　「중국어 발음」

　　　　　「중국어 표현」등과 수필, 소설, 교육논문 등 다수가 있습니다.

현대 중국어 문법

초판 인쇄 : 2003년 9월 30일

초판 발행 : 2003년 10월 10일

저　　자 : 장 석 만

펴낸이 : 이 순 희

펴낸곳 : 도서출판 **제일법규**(제일어학)

등　록 : 1993. 4. 1 제21-429호

주소 : 서울시 서초구 방배동 537의 39

전화 : (02)523-1657, 597-1088

팩스 : (02)597-6464

대체 : 국민 084-25-0012-739

값 10,000원

ISBN 89-5621-011-X 03720

＊잘못된 책이나 파본은 교환해 드립니다.

머리말

　이 문법책은 장기간 한국 유학생을 비롯한 유럽국 유학생을 위한 중국어 교육을 한 경험을 토대로 만든 중국어 기초문법 교재입니다.

　이책은 일반인들을 비롯해서 중국어 첫 걸음을 땐 초급, 중급 그 이상의 학습자들이 중국어 학습과정에서 기초문법 지식을 장악하고 문법적 체계를 세울 수 있게 집필했습니다. 또한 중국어 문법과 한국어 문법의 비교를 통한 접근을 시도했습니다.

　이 책의 특징은 다음과 같습니다.

　첫째 체계적인 구성과 세밀한 내용의 짜임새로 쓰여졌습니다.

　둘째 이론 설명에서 문법 규칙이 왜 그런가를 꼭 짚고 넘어가야 할 부분은 간단명료하게 설명하고 예문도 인차 파악이 되게 쉬운 것으로 선택했습니다.

　셋째 문법 용어는 중국 용어를 써주어 중국어 접촉에 이롭게 했습니다.

　넷째 쉬운 것으로 비교적 복잡한 중국어 문장과 접목이 되게 구체화 했습니다.

　다섯째 이 책을 배우는 과정에서 학습자들의 회화 능력과 문장능이 한층 더 높은 단계로 오르게 했습니다.

　바로 이런 특징들을 살려 이 문법책을 집필했기에 한국 독자들이 부담없이 중국어 문법을 쉽게 배울 수 있고 중국어 공부를 흥미롭게 하면서 회화능력과 문장 능력에서 학습자들의 소망이 빨리 달성되리라 믿습니다.

저자로부터

차 례

제 1 편

중국어 발음

중국어 학습에서 일차적인 것은 중국어 발음을 익히고 한자 발음을 익히는 것이다.

한글이나 영어는 표음문자(表音文字)이므로 쓰여진 대로 읽으면 그 말의 소리가 나지만 중국어는 그렇지 않다. 즉 〈중국〉을 소리말로는 'zhong guo 중궈'라고 소리내지만 표기는 '中国'라고 쓴다.

중국어에서는 한자(汉字)만으로는 정확한 발음을 할 수가 없으므로 한자에 한어병음자모(汉语并音字母 한위핀인쯔무)를 달고 아울러 어순에 어울리는 사성부호(四声符号)를 덧붙여 발음하는 한어 어음법을 제정했다.

한자어권에 있는 한국인은 중국어를 배우는데 있어서 한자(汉字)를 익혀 쓰는데는 별반 어려울 것이 없겠지만 한자 발음에 있어서는 공력을 들이지 않으면 안된다.

그러나 한자어에 병음자모 표기와 성조변화에 대한 약간한 규정만 잘 장악한다면 21세기 중국어를 쉽게 공략할 수가 있다.

Ⅰ 성모(声母 shēg mǔ)

1 _ 21개의 성모(자음)

b p m   f   d t n l   g k h

j q x   zh ch sh r   z c s

2 _ 성모의 분류

21개의 성모는 발음 부위에 따라 분류한다.

쌍순음(双唇音)	b p m	설면음(舌面音)	j q x
순치음(唇齿音)	f	권설음(卷舌音)	zh ch sh r
설첨음(舌尖音)	d t n l	설치음(舌齿音)	z c s
설근음(舌根音)	g k h		

▶ 발음기관 설명도

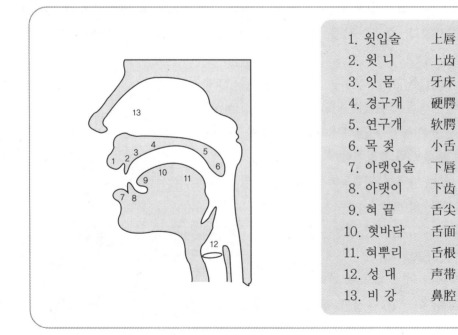

1. 윗입술	上唇
2. 윗 니	上齿
3. 잇 몸	牙床
4. 경구개	硬腭
5. 연구개	软腭
6. 목 젖	小舌
7. 아랫입술	下唇
8. 아랫이	下齿
9. 혀 끝	舌尖
10. 혓바닥	舌面
11. 혀뿌리	舌根
12. 성 대	声带
13. 비 강	鼻腔

3 _ 성모의 발음법

① 쌍순음(双唇音) : b   p   m

▶ 발음요령 : 위 아래 두 입술을 다물었다가 파열시키면서 [버 퍼 머]라고 발음한다.

　　　　b　[버]　무기음(无气音)

　　　　p　[퍼]　유기음(有气音)

　　　　m　[머]　비음(鼻音)

▶ 발음지도 :　　　b [버]　　　　　　　p [퍼]　　　　　　　m [머]

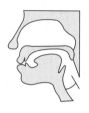 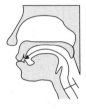 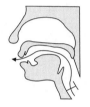

　　입술을 다문다　　　숨을 모은다　　　두 입술을 가볍게
　　　　　　　　　　　　　　　　　　　　파열하면서 발음

　　　　　　m [머]

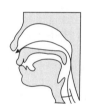

　　　　　　　　　　m[머]는 비음이다
　　　　　　　　　　양 입술을 다물고 기류를
　　　　　　　　　　비강으로 나가게 한다.

② 순치음(唇齿音) : f [프어]

▶ 발음요령 : 윗니와 아랫입술 사이로 기류가 빠지는 마찰음이다. 영어의 [f]음과 같다. 한
　　　　　국어음 [프어]와 비슷하다.

▶ 발음지도 : f [프어]

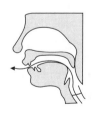

③ 설첨음(舌尖音) : d　t　n　l

　　　d [더]　파열 무기음

　　　t [터]　파열 유기음

　　　n [너]　비음

　　　l [러]　측면음

▶ 발음지도 :　　　d [더]　　　　　　t [터]　　　　　　　d [더] · t [터]

　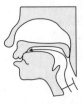　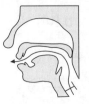

　　　발음 준비　　　숨을 모은다　　　윗니 안쪽에 댄 혀끝을 놓으면
　　　　　　　　　　　　　　　　　　　기류가 나가면서 우리음 [더] [터]를
　　　　　　　　　　　　　　　　　　　발음하면 된다.

　　　　　　　　　n [너]

　n[너]음은 혀끝을 윗니몸에 밀면서
　　　　　　　　　　기류를 비강으로 나가게 하면서 우
　　　　　　　　　　리음 [너]를 발음하면 된다.

　　　　　　　　　l [러]

　l[러]음은 혀끝을 n보다 좀 뒤로
　　　　　　　　　　윗니몸에 버티고 기류는 혀앞 양
　　　　　　　　　　측으로 빠지게 하면서 [러]를 발음
　　　　　　　　　　하면 된다.

④ 설근음(舌根音) : g　k　h

　　　g [거]　파열 무기음

　　　k [커]　파열 유기음

　　　h [허]　마찰음

▶ 발음지도 :

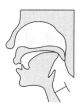  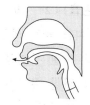

    발음 준비   숨을 모은다   혀뿌리를 연구개에 떠밀고 급히 혀뿌
리를 연구개에서 떼며 기류를 확 불어
내면서 g[거] k[커]를 발음한다.

h [허]

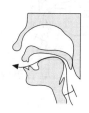

h[허]음은 혀뿌리를 연구개에 접근
시키고 기류를 사이에서 마찰시키
면서 h[허]를 발음한다.

⑤ 설면음(舌面音) : j q x

▶ 발음요령 : 혀를 평탄하게 입천장에 가볍게 대고 [지 치 시]를 발음하면 된다.

▶ 발음지도 :

 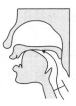 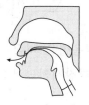

    발음 준비   숨을 모은다   발음한다.

j [지] 파찰 무기음

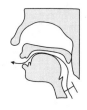

혓바닥 앞부분을 경구개에 붙이고 혀끝을
아랫니 뒷면에 떠밀고 기류를 앞 부분과
경구개 사이에서 마찰시키면서 j[지]를 발
음한다

q [치] 파찰 유기음 : 발음 부위는 j와 같지만 힘껏 파열시킨다.

x [시] 마찰음 : 혓바닥 앞 부분과 경구개를 가까이 대고 기류를 혓바닥 앞부
분과 경구개 사이에서 마찰시키면서 x[시]를 발음한다.

⑥ 권설음(卷舌音) : zh ch sh r

▶ 발음요령 : 혀를 약간 마는 듯 위로 올리고 혀끝을 앞 입천장에 대고 발음한다.

    zh [즈] 파찰 무기음

    ch [츠] 파찰 유기음

    sh [스] 마찰음

    r   [르] 마찰 유성음

▶ 발음지도 :

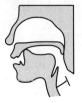 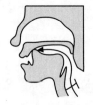 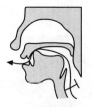

      발음 준비   숨을 모은다   발음한다.

    zh [즈] ch [츠] sh [스]

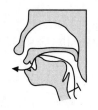

              zh[즈] 파찰 무기음 ⎫
              ch[츠] 파찰 유기음 ⎬ 발음부위, 발음요령이 같다
              sh[스] 마찰음 ⎭

    [zh, ch, sh]의 발음법은 혀끝을 뒤로 말아 올려 경구개에 가까이 대고 기류를 혀끝과 경구개의 사이에서 마찰시키면서 [즈, 츠, 스]를 발음하면 된다.

    r [르] 마찰 유성음

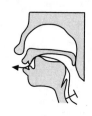

        발음의 부위는 sh와 같지만 혀끝 뒤로
막고 파열 시키면서 r[르]를 발음한다.

⑦ 설치음(舌齒音) : z c s

▶ 발음요령 : 혀 끝을 윗니 안쪽에 대고 발음한다.

▶ 발음지도 :

  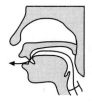

발음 준비   숨을 모은다   발음한다.

z [쯔] 발음은 혀끝 앞으로 막고 파열시키지 않는다. 발음할 때 혀끝을 반듯이 펴고 윗니 뒤에 떠민후에 혀끝을 조금 떼고 기류를 구강에서 틈사이를 통해 마찰시키면서 z [쯔]를 발음한다.

c [츠] 발음은 혀끝 앞으로 막고 파열시킨다. 발음 부위는 z [쯔]와 같지만 힘껏 파열시킨다.

s [쓰]

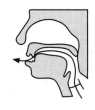
s [쓰] 발음은 혀끝 앞으로 막는다. 혀끝을 아랫니 뒤에 접근시켜 기류를 혓바닥과 윗니 사이에서 마찰시키면서 s [쓰]를 발음한다.

② 운모(韵母 shēgmǔ)

1 _ 15개의 운모(모음)

a	o	e	
i	u	ü	
ai	ei	ao	ou
an	en	ang	eng
er			

2 _ 운모의 분류

① 단운모(单韵母) 6개

a[아]	o[오]	e[어]
i[이]	u[우]	ü[위]

② 복합운모(复合韵母)

ai[아이]	ei[에이]	ao[아오]	ou[어우]
ia[이아]	ie[이에]	iu[이오우]	iao[야오]
ua[와]	uo[워]	uai[우아이]	ui[우에이]
üe[위에]			

성모와 결합한 복합 운모

an[안]	en[언]	ian[옌]	in[인]
uan[완]	un[운]	an[위엔]	ün[윈]
ang[앙]	eng[엉]	iang[이앙]	ing[잉]
uang[왕]	ueng[웡]	ong[옹]	iong[용]

③ 권설운모(卷舌韵母)

er[얼]

중국어 성모와 운모의 일람표

1. 단모음(단운모)

a [a] 아	o [o] 오	e [ə] 어	e [ɛ] 에	i [i] 이	u [u] 우	ü [y] 위

2. 일반 복합모음(운모)

ai [ai] 아이	ei [ɛi] 에이	ao [au] 아오	ou [ou] 어우
ia [ia] 야	ia [iɛ] 이에	iu [iᵃu] 이유	iao [iau] 야오
ua [ua] 와	uo [uo] 워	uai [uai] 와이	üi [uei] 웨이
üe [yue] 위에			

3. 비음 n, ng를 가진 복합모음(운모)

an [an] 안	en [an] 언	ian [iɛn] 옌	in [in] 인
uan [wan] 완	un [wen] 운	üan [yuan] 웬	ün [yun] 윈
ang [aŋ] 앙	eng [aŋ] 엉	iang [iaŋ] 양	ing [iŋ] 잉
uang [waŋ] 왕	ueng [wɔŋ] 웡	ong [oŋ] 옹	iong [iɔŋ] 융

4. 권설 모음

er [ər] 얼

5. 성모(자음)

순음 脣音	b [p] 버	p [p'] 퍼	m [m] 머	
순치음 脣齒音	f [f] 프어			
설첨음 舌尖音	d [p] 더	t [t'] 터	n [n] 너	l [l] 러
설근음 舌根音	g [k] 거	k [k] 커	h [x] 허	
설면음 舌面音	j [tɛ] 지	q [ts'] 치	x [s] 시	
권설음 捲舌音	zh [ts] 즈	ch [ts'] 츠	sh [s] 스	r [z] 르
설치음 舌齒音	z [ts] 쯔	c [ts'] 츠	s [s] 쓰	

④ 권설운모(卷舌韵母)와 얼화운(儿化韵)

er[ɚ][얼]은 e 뒤에 r를 첨가하는 특수모음이다. 발음방법은 혀끝을 약간 말아 입천장에 닿지 않게 [얼]을 발음하면 된다. 영어 [r]음과 비슷하다. 이 음절은 언제나 단독으로 이루며 앞에 자음은 붙지 않는다.

얼화운(儿化韵)은 본래 아이라는 '儿(儿)'의 의미로 [ɚ 얼]로 발음되는데 자주 접미사로 쓰이며 앞 음절의 끝을 권설화음(卷舌化音) 즉 r화(r 化)라고 한다. 중국어에서 r화는 독립한 음절이 아니고 변음으로 간주한다.

예) 课本儿　　Kè běr　　교과서

味儿　　　Wèr　　　냄새

小鱼儿　　Xiǎo yuér　작은 물고기

事儿　　　Shèr　　　사항

3 어음의 변화와 성조

1_어음(语音)의 변화(变化)

중국어의 한 음절(音节)을 정확히 발음하는 것. 즉 모음과 자음 및 4성을 정확히 소리내는 것이 발음 학습의 기본이 된다. 실제로 발음을 하고 문장을 읽을 때는 한음절 한음절 발음하지 않고 앞뒤의 음절과 연속시켜 발음하게 된다. 이렇게 연속적으로 소리를 내면 개개의 음절은 앞뒤의 영향을 받거나 혹은 부드럽게 말을 하거나 읽기 위해서 여러 가지로 어음 변화를 가져오게 된다.

간단한 예를 든다면 '不 bù'는 원래 4성인데 '差不多 chà bu duō 비슷하다'에서는 경성으로 변화되었다.

2_성조(声调)

한음절 소리의 높낮이, 올림과 내림의 음조(音调)를 성조라고 한다. 중국어 단어를 구성하는 각 음절에는 원칙적인 성조가 있다. 그것을 흔히 4성(四声)이라고 한다.

① 4성(四声)

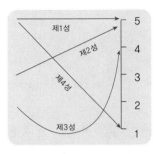

명 칭	음 조	기 호
제1성 고평성	고평조(高平调)	−
제2성 고승성	고승조(高升调)	/
제3성 반상승	저철조(低凹调)	ˇ
제4성 거 성	고강조(高降调)	\

위 그림은 소리의 높이를 5계로 나눈 것인데 이것은 다만 평균적인 높이며 사람에 따라 다소 차이가 있다.

② 4성을 내는 법

제1성 : 높고 평탄하다 ' ─ '

제2성 : 급하게 상승한다 ' / '

제3성 : 낮게 처졌다가 다시 상승한다 ' ˇ '

제4성 : 급하게 하강한다 ' \ '

③ 경성(轻声)

중국어의 음절은 원칙적으로 일정한 성조를 갖고 있지만 때로는 본래의 성조를 잃고 가볍게 발음하게 되는데 이것을 경성(轻声 qing sheng)이라고 한다. 경성은 4성기호가 없다.

ē	é	è	ě	e
1성	2성	3성	4성	경성

④ 성조 기호의 위치

성조기호는 모음 위에 붙인다. 만약 모음이 둘 이상인 복모음인 경우는 분명하게 발음하는 주모음(主母音)위에 붙이다.

A. 2중 모음에서는 앞 모음에 붙인다.

    zǎi   nèi   māo   hòu

B. 앞 모음이 i. u. ü인 경우 뒷 모음에 붙인다.

    xiā   huā   lüè   (niù   sùi)

C. 3중 모음인 경우 가운데 모음에 붙인다.

    niǎo   guài   yǒu   wèi

◉ 간결한 기억법

    1. a가 있으면 a에

    2. a가 없으면 e, o에

    3. i와 u가 이어지면 뒤에

⑤ 성조 변화(声调 变化)

  중국어로 말하거나 문장을 읽을 때는 독립된 개개의 음절을 발음하지 않고 앞뒤의 음절과 연속시켜 낱말(单词)이나 글월(句子)를 발음하게 되는데 이렇게 연속적으로 소리를 내면 개개의 음절은 앞뒤의 영향을 받거나 혹은 부드럽게 잘 흐르기 위해서 성조가 여러 가지로 변화를 일으키는데 이것을 변조(变调)라고 한다.

◉ 제3성의 변화

    제3성 + 제3성 $\xrightarrow{\text{발음}}$ 제2성 + 제3성

    手(shǒu) 表(biǎo)   shóu   biǎo

유의점

표기는 제대로 하고 발음할 때만 변한다.

    제3성 + 제3성 + 제3성

    Wǒ   gěi   nǐ

    我   给   你

제3성 뒤에 제 1, 2, 3성이 오는 경우 3성이 반(半)3성 혹은 제2성으로 발음한다.

    Běi jīng $\xrightarrow{\text{발음}}$ Běi(béi) jīng

    北   京

▶ 一, 七, 八, 不의 변화

뒤에 오는 음절의 성조에 따라 변한다.

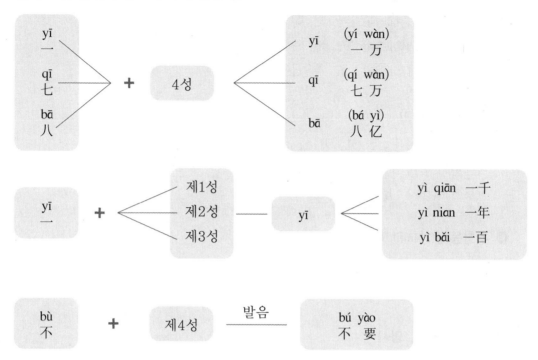

'一, 七, 八, 不'의 성조기호 표기는 변조된 대로 표기한다.

▲다만 '一, 七, 八'는 서수(序数 xù shù)로 쓰인 경우에는 성조는 변하지 않는다.

一月 yīyuè　　七号 qīhào　　第八课 dìbākè

▶ 경성(轻声)

경성은 고유의 성조를 잃고 문맥에 따라 성조가 바뀌어 가볍고 짧게 발음이 된다.

Pù tao (원래는 táo)
葡 萄　포도

Yuè liang (원래는 liàng)
月　亮　달

▶ 조사(助词)

조사는 성조기호가 없는 경성이다.

- 어기조사(语气助词) : 吗, 吧, 呢, **啊**
- 구조조사(结构助词) : 的, 地, 得
- 시태조사(时态助词) : 了, 着, 过

▶ 접미사(接尾词)

- 명사의 접미사 : 了, 儿, 头
- 대사의 접미사 : 们, 个, 里, 么
- 방위 접미사 : 里, 上, 下, 边

▶ 추향동사(趋向动词)

추향동사가 보어로 되는 경우

来 (回来)   去 (出去)

▶ 중복된 동사, 명사

看看 kàn kan   走走 zǒuzou
笆笆 bàba   哥哥 gēge

▶ 반복 의문구의 부정부분

看不看   kàn bu kan
是不是   shì bu shi
看了没有   kàn le mei you

제 2 편

형태소와 단어

① 형태소(词素 cí sù)

중국어는 한자(汉字)의 언어이다. 영어나 불어, 로어는 소리글자인데 반해 중국어는 독특하게 글자마다 뜻을 가지고 있는 뜻글자(表意文字표의 문자)이다.

한자의 글자마다 중국인의 의식세계가 담겨져 있어 중국인과 중국문화를 이해하려면 한자가 담고 있는 속뜻을 잘 파악해야 한다.

보통 사람들은 말을 하고 듣고 글을 읽고 쓰는데 언어의식에는 단어가 최소 단위인 형태소라고 생각한다. 그러나 중국어는 한자 하나가 하나의 형태소에 해당되는 단어들이 있다.

> 예 笔 bǐ 붓   书 shū 책
>   我 wǒ 나   飞 fēi 날다

등은 각각 하나의 형태소이면서 또한 각각 하나의 단어이기도 한다.

그러나 '民主 mínzhǔ'의 '民'과 '主', '中华 zhōng huá'의 '中'과 '华', '机械 jīxiè'의 '机'와 '械'는 형태소로는 되지만 단어로는 자립할 수 없다.

A. '笔, 书, 飞, 去' 등은 단어로 자립하는 형태소이다.
B. '民, 中, 机, 华' 등은 형태소로는 될 수 있지만 단어로는 자립 할 수 없다.

② 단어의 구성

중국어 단어는 구성상 특징에 따라 단순어와 합성어로 나눈다.

1 _ 단순어

① 하나의 한자어

我 wǒ   나   水 shuǐ 물   山 shān 산   大 dà 크다
红 hóng 붉다   冷 lěng 춥다

② 연면어(连绵语 lián mián yǔ)

자음 또는 모음이 같거나 비슷한 음절을 병렬하여 하나의 의미를 나타내는 단순어

| 连绵 | lián mián | 끊이지 않는다 | 彷徨 | páng huáng | 방황하다 |
| 仿佛 | fǎng fú | 마치~인듯 하다 | | | |

③ 음역 외래어

威士忌	wēi shì jì	위스키	可可	kě kě	코코아
咖啡	kā fēi	커피	卡西欧	kǎ xī'ōu	카시오
奥林匹克	ào lín pǐ kè	올림픽			

④ 의성어

咕咚	gū dōng	첨벙, 덜컹	潺潺	chān chan	졸졸
嗡嗡	wēng weng	멍멍	哗哗	huā hua	콸콸
哐啷	kuāng lāng	꽝			

2 _ 합성어(合成语 hé chéng yǔ)

① 주술형(主谓式 zhǔ wèi shì)

| 眼热 | yǎn rè | 부러워하다, 탐내다 | 手巧 | shǒu qiǎo | 손재주가 좋다 |
| 头痛 | tóu téng | 머리가 아프다 | 心疼 | xīn téng | 몹시 아끼다 |

② 동목형(动宾式 dòng bīn shì) (목적어 관계)

毕业	bì yè	졸업하다	写字	xiě zì	글을 쓰다
见面	jiàn miàn	만나다	走路	zǒu lù	길을 가다
生气	shēng qì	화를 내다			

③ 수식형(偏正式 piān zhīng shì) (한정어 관계)

雪白	xuě bái	눈처럼 희다	羊肉	yáng ròu	양고기
笔直	bǐ zhí	매우 곧다	马车	mǎ chē	마차
学生	xué sheng	학생			

④ 보충형(补充式 bǔ chōng shì)

| 说明 | shuō míng | 설명하다 | 改变 | gǎi biàn | 개변하다 |
| 打倒 | dǎ dǎo | 타도하다 | 抓紧 | zhuā jǐn | 틀어쥐다 |

| 扩大 | kuò dà | 확대하다 | 提高 | tí gāo | 향상시키다 |

⑤ 연합형(连合式 lián hé shì)

大小	dà xiǎo	대소	爱护	ài hu	사랑하다
矛盾	máo dùn	모순되다	买卖	mǎi mài	매매하다
帮助	bāng zhù	돕다	解放	jiě fàng	해방하다

제 3 편

품 사

1 명사(名词 míng cí)

중국어의 명사는 한국어 명사와 대체로 같아서 관사나 성의 구별이 없다. 그리고 한 개 글자나 두글자 이상의 숙어가 명사로 표시된다.

人	rén	사람	牛	niú	소
江	jiāng	강	天地	tiān dì	천지
自然	zì rán	자연	成功	chéng gōng	성공
不可能	bù kě néng	불가능			

위에서 열거한 명사들은 한국인들도 쉽게 그 뜻을 알 수 있다. 중국어와 한국어 명사는 그만큼 비슷하다. 한자에는 로마자가 붙어 있는데 이를 병음(拼音 pīn yīn)이라고 하며 중국어의 발음을 나타낸다. 계속하여 아래 명사들을 살펴보자.

新闻	马	爱国	贵宾
xīnwén	mǎ	àiguó	guìbīn
신문	말	애국	귀빈

学生	头发
xúesheng	tóufa
학생	두발

위의 명사들은 한국어 한문과 그 뜻이 같지만 글자 모양이 다를 뿐이다. 중국어에서는 이처럼 간체자(简体字 jiǎn tǐ zì)를 주로 사용한다. 간체자는 원래 번체자(繁体字 fán tǐ zì)의 일부만 남기거나 형태를 변화시켜서 가능한 한 개 글자 모양을 간략화한 것이다. 위의 간체자를 번체자로 쓰면 아래와 같다.

新聞 신문	馬 마	愛國 애국
貴賓 귀빈	學生 학생	頭髮 두발

번체자로 바꿔 놓으니 우리의 한문과 같아서 그 의미를 쉽게 알 수 있다.

그러면 아래와 같은 명사들은 어떻게 이해해야 되겠는가?

汽车 qìchē	爱人 àirén	飞机 fēijī
年轻人 niánqīngrén	爷爷 yéye	花生 huāshēng

첫 번째 단어 '汽车'는 [기차]일 것 같지만 실은 [자동차]란 뜻이고 두 번째 단어 '爱人' 역시 [애인]일 것 같지만 [아내]란 뜻이다.

이처럼 우리의 한문지식으로 보아도 뜻이 통하지 않는 명사가 많이 있다.

같은 한자를 사용하기는 하지만 중국어는 역시 외국어인 것이다. 그러므로 정확히 읽고 많이 써 보고 많이 익히는 것이 중국어를 잘할 수 있는 비결이라 하겠다.

② 접미사(后缀 hòu zhuì)가 붙는 명사

중국어 명사중에는 '们 men' '儿 er' '子 zi' '头 tou' 등의 접미사가 붙어서 명사화가 되는 것도 있다.

1 _ '们 men ~들'

이 접미사는 사람 명사 뒤에서만 쓰이고 기타 명사들 뒤에는 쓰지 않는다.

学生们	Xúeshengmen	학생들	朋友们	Péngyoumen	친구들
贵宾们	Guìbīnmen	귀빈들	我们	Wǒmen	우리들(우리)

유의점 ①

중국어에서 명사 앞에 구체적인 수량이나 [매우] 혹은 [많은] 등의 의미를 나타내는 단어가 오면 명사뒤에 '们 men ~들'을 붙여 쓰지 않는다.

多人们(×) → 很多人。(Hěnduōrén 매우 많은 사람들)(○)

十多名学生们(×) → 十多名学生。(Shíduō míngxuésheng 십여명의 학생들)(○)

　사람을 나타내는 명사 이외의 동물이나 사물을 나타내는 명사뒤에는 '们'을 붙여쓰지 않는다.

汽车们(×)	→	很多汽车。(Hěnduōqìchē 자동차들)(○)
树们(×)	→	很多树。(Hěnduōshù 나무들)(○)
猪们(×)	→	很多猪。(Hěnduōzhū 돼지들)(○)

2 _ 중국어 구어에서는 흔히 명사뒤에 '儿 er' '子 zi' '头 tou'를 붙여서 말한다.

~儿 er		
小孩儿 xiǎohár 아이	棍儿 gùr 막대기	老伴儿 lǎobàr 노부부
活儿 huór 일	空儿 kòngr 짬. 틈	画儿 huàr 그림

~子 zi			
椅子 yǐzi 의자	棒子 bàngzi 몽둥이	房子 fángzi 집	
车子 chēzi 차	杯子 beīzi 컵	蚊子 wénzi 모기	鼻子 bízi 코

~头 tou		
石头 shítou 돌맹이	里头 lǐtou 안쪽	木头 mùtou 나무조각
枕头 zhěntou 베개	罐头 guàntou 통조림	

시간사(时间词 shíjiāncí)

　　과거에서 미래로 시간의 흐름에 따라 '今天 jīntiān 오늘' '上星期 shàngxīngqī 지난주' '大前年 dàqiánnián' 등과 같이 넓은 의미에서 시간을 나타내는 명사는 보통명사에 없는 특이한 성질이 있기 때문에 특별히 시간사라는 명칭을 붙여 구분한다.

　　이 시간사는 문장 안에서 주로 부사어(状语 zhuàngyǔ)로 쓰인다.

他 今天 回来。
Tā jīn tiān huí lái.
그는 오늘 돌아온다.

她 大前年 留学 的。
Tā dà qián nián liú xué de.
그녀는 2년전에 유학했었다.

	과 거			현 재	미 래		
일	大前天 dàqiántiān 그그저께	前天 qiántiān 그저께	昨天 zuótiān 어제	今天 jīntiān 오늘	明天 míngtiān 내일	后天 hòutiān 모레	大后天 dàhòutiān 글피
주		上上星期 shàngshàngxīnqī 지지난주	上星期 shàngxīngqī 지난주	这星期 zhèxīngqī 이번주	下星期 xiàxīngqī 다음주	下下星期 xiàxiàxīngqī 다다음주	
월		上上个月 shàngshànggeyuè 지지난달	上个月 shànggeyuè 지난달	这个月 zhègeyuè 이번달	下月 xiàyuè 다음달	下下个月 xiàxiàgeyuè 다다음달	
년	大前年 dàqiánnián 재재작년	前年 qiánnián 재작년	去年 qùnián 작년	今年 jīnnián 금년	明年 míngnián 내년	后年 hòunián 내후년	大后年 dàhòunián 내내후년

방위사(方位词 fángwèicí)

　　명사중에서 방향, 위치를 표시하는 것을 방위사라고 한다. 방위사에는 '上, 下, 东, 西'와 같은 단음절 방위사와 '上边 shàngbian, 前面 qiánmian'과 같은 2음절 방위사가 있다.

　　중국어 단음절 방위사는 일부 고정된 표현을 제외하고는 단독으로 사용할 수 없다.

단음절 방위사	2음절 방위사	
	뒤에 : 面 mian　边 bian　头 tou	앞에 : 以 yǐ　之 zhi
上　shàng　위	上面 위쪽　上边 위쪽　上头 위쪽	以上 이위　之上 이위
下　xià　아래	下面　　　下边　　　下头	以下 이하　之下 이하
前　qián　앞	前面　　　前边　　　前头	以前 이전　之前 전에
后　hòu　뒤	后面　　　后边　　　后头	以后 이후　之后 후에
左　zuǒ　좌	左边 왼쪽	
右　yòu　우	右面 우쪽　右边 우쪽	
里　li　안	里面 안쪽　里边 안쪽　里头 안쪽	
外　wài　밖	外面 밖　外边 밖　外头 밖	以外 이외　之外 이외
中　zhǒng　중간		之中 그중에
内　nèi　안(쪽)		以内 이내
间　jiān　칸		之间 그 사이
旁　fáng　옆	旁边 옆	
东　dǒng　동	东面 동쪽　东边 동쪽　东头 동쪽	以东 동으로
南　nán　남	南面 남쪽　南边　　　南头	以南 이남
西　xī　서	西面 서쪽　西边　　　西头	以西 이서
北　běi　북	北面 북쪽　北边　　　北头	以北 이북

유의점 ❶

일부 방위사 뒤에 동사 '看 kàn, 退 tuì, 拐 guǎi, 走 zǒu' 등이 붙어 개사구(介词句 전치사구)로 된다.

개사 + 방위사 + 동사

向 xiàng	前 qián	看 kàn	앞을 보다
往 wǎng	后 hòu	退 tuì	뒤로 물러나다
向 xiàng	右 yòu	拐 guǎi	오른쪽으로 굽어들다
往 wǎng	东 dǒng	走 zǒu	동쪽으로 가다

중국어에서 사물을 나타내는 명사를 사용하여 [장소]를 표시하고 싶을 때 용기로서의 장소이면 '里'를 명사뒤에 붙이고 면으로서의 장소이면 '上'을 명사뒤에 써주면 방위사 구가 된다.

(1) '里 li'를 붙이는 경우

屋子里	wūzili	방안에
抽屉里	chǒutili	서랍안에
院子里	yuànzili	뜰에
房间里	fángjiānli	방안에
树林里	shùlínli	숲속에
衣兜里	yīdǒuli	주머니에
食堂里	shítángli	식당에

(2) '上 shang'을 붙이는 경우

墙上	qiángshang	벽에
桌子上	zhuōzishang	책상위에
操场上	cāochǎngshang	운동장에
书架上	shūjiàshang	서가에
床上	chuángshang	침대에
屋顶上	wūdǐngshang	옥상에
黑板上	heībǎn	칠판에
车上	chēshang	차에

지명뒤에는 '里'를 붙이지 않는다.

她 在 中 国。
Tā zài zhǒngguó
그녀는 중국에 있다.

她 在 汉 城。
Tā zài hànchéng
그녀는 서울에 있다.

她 在 纽 约。
Tā zài niǔyuē
그녀는 뉴욕에 있다.

2 대명사 인칭대사 · '它'대명사 · 지시대사 · 의문대사

① 인칭대사(人称代词 rénchēng dàicí)

중국어의 인칭대명사는 보통 '你 nǐ'를 사용한다. 우리말과는 달리 [나, 저], [당신, 자네]와 같은 공손의 정도, 남녀의 차이등이 기본적으로 없다. 다만 공손한 마음으로 상대방을 호칭할 때에 '您 nín'으로 부르는 경우가 있다.

	1인칭	2인칭	3인칭
단 수	我 wǒ 나	你 nǐ 너 您 nín 당신	他 tā 그 她 tā 그녀
복 수	我们 wǒmen 우리 您们 zánmen 우리	们 nínmen 당신들 你们 nǐmen 너희들	他们 tāmen 그들 她们 tāmen 그녀들

① '咱们 zámen'은 상대방을 포함시킨 [우리들]이라고 할 때 사용하고 회화에서는 'zánmen'이라고 발음 한다. '我们'은 자신을 포함시킨 [우리들]이라고 할 때 사용한다. 사실 '我们'과 '咱们'은 엄격한 구별이 없다. 다만 구어에서 습관적으로 '咱们'을 사용한다는 점이다.

예 我 们 看 书 吧。
Wǒ men kàn shū ba
우리 책을 봅시다.

咱 们 看 书 吧。
Zán men kàn shū ba
우리 책을 봅시다.

② 3인칭에 한해서 남성은 '他'를 써야하고 여성은 '她'라고 써야 한다. 그러나 남성과 여성이 섞여 있을 때는 '她们'이라 쓰지 않고 반드시 '他们'이라고 써야 한다. 만약 '她们'이라고 쓴다면 그것은 오직 여성들만을 가리키는 '그녀들'이란 뜻으로 된다.

③ 그 밖에 인칭대명사로는 '人家 rénjiā 그들, 남들' '大家 dàjiā 여러분, 우리들' '自己 zìjǐ 우리, 자신들' 등이 있다. 이런 인칭대명사는 주로 구어에서 사용한다.

▶ '人家 rénjiā 남 / 그들 / 다른사람' 를 쓰는 경우

'人家' 는 제3자를 가리키거나 자기 자신을 가리킬 때에도 쓰인다.

⑩ 人 家 都 来 了。
　　Rénjiā dǒu lái le.
　　남들은 다 왔습니다.

　　看、人 家 写 字 的 多 么 好。
　　Nǐkàn, rénjiāxiězi de duǒ me hǎo
　　보세요, 남들은 글자를 얼마나 잘 썼어요.

　　人 家 特 意 为 你 做 的 菜。
　　Rénjiā tèyì wèinǐ zuòdecài
　　전 일부로 당신 주려고 요리를 만들었어요.

유의점

여기에서 '人家' 는 '我' 의 겸어(谦语, 겸약어)이다.

▶ '大家 dàjiā 모두들 / 여러분' 의 의미로 쓰이는 경우

⑩ 大 家 一 起 走 吧。
　　Dàjiā yìqǐ zǒuba.
　　모두 함께 갑시다.
　　* '大家' 는 〈~들〉의 의미로 쓰인다.

　你 们 大 家 好!
　Nǐ men dà jiā hǎo!
　여러분들 안녕하세요.

　　大 家 说 说 吧。
　　Dà jiā shuǒ shuǒ ba.
　　여러분 말씀하세요.

▶ '自己 zì jǐ 자신' 을 쓰는 경우

중국어에서는 자기를 지칭(指称)할 때 '自己 zìjǐ 자신' 을 쓴다.

⑩ 汉 城 的 东 西 南 北 我 自 己 也 都 分 不 清 楚。
　　Hàn chéng de dǒng xi nán běi wǒ zì jǐ yě dǒu fēn bu qing' chu.
　　서울의 동서남북은 저 자신도 잘 분간하지 못합니다.

　　请 看 好 自 己 的 东 西。
　　Qǐng kàn hǎo zì jǐ de dǒng xī.
　　자신의 물건을 잘 보관하세요.

2 '它 tā' 대명사

인칭 대사외에도 기타 사물들을 가리킬 때 쓰는 대사로서 〈그, 그것, 저것〉 등의 의미를 가진다.

예 请 把 它(东 西) 拿 走 吧。
Qǐng bǎ tā (dǒng xi) ná zǒu ba.
그 물건을 가져 가세요.

请 把 它(们) 都 整 理 好。
Qǐng bǎ tā (men) dǒu zhěng lǐ hǎo.
그것들을 잘 정리하세요.

유의점

인칭대명사에서만 쓰이는 접미사 '们'을 기타 사물대명사의 복수를 나타낼 경우에는 대용(代用 dài yòng)으로 '它' 뒤에 '们'을 붙여 쓸 수 있다.(위의 예를 보시오)

3 지시대사(指示代词 zhǐshìdàicí)

중국어의 지시대사에는 '这 zhè, 那 nà'의 두가지가 있다. 원칙적으로 '这'는 가까운 것을 지시하고 '那'는 먼 것을 가리킨다. 그러나 멀고 가까운 구별은 주관적인 판단이기 때문에 같은 것을 '这'로 혹은 '那'로 나타낼 수도 있다.

1 '这 zhè, 那 nà'

'这, 那' 위에 수량사가 오면 뒤에 오는 명사들을 수식한다.

这 三 台 电脑 很 好。
Zhè sān tái diàn nǎo hěn hǎo.
이 3대의 컴퓨터는 매우 좋습니다.

那 两 辆 汽 车 是 进 口 的。
Nà liǎng liàng qì chē shì jìn kǒu de.
저 두 대의 자동차는 외제(수입)입니다.

유의점

수량사가 '一 한개'일 때는 보통 '一'가 생략되어 '这 zhège, 那 nàge'로 발음하기도 한다.

① '这, 那'는 보통 동사의 목적어가 될 수 없고 '这个, 那个'의 형태로 사용된다.

我 要 这 个。
Wǒ yào zhè ge.
이것을 주세요.

他 要 那 个。
Tā yào nà ge.
그는 저것을 하려 해요.

② 지시받는 사물에 따라서는 양사가 '个' 대신 사용된다.

我 要 买 这 幅 画。
Wǒ yào mǎi zhè fú huà.
이 한폭의 그림을 사겠어요.

我 看 看 那 件 大 衣。
Wǒ kàn kàn nà jiàn dà yī.
저 외투 좀 봅시다.

2 _ '这些 zhèxiē, 那些 nàxiē'

'这些, 那些'에서 양사 '些 xiē'는 [조금, 약간, ~것들] 등의 의미로 쓰이며 흔히 지시받는 사물이 복수일 경우에 쓰인다.

这 些 都 是 我 的。
Zhè xiē doū shì wǒ de.
이것들은 모두 저의 것입니다.

那 些 都 是 进 口 的。
Nà xiē dǒu shì jìn kǒu de.
저것들은 모두 수입산입니다.

给 这 些 太 少 了。
Gěi zhè xiē tài shǎo le.
조금 주어서 너무 적다.

3 _ '这里 / 这儿, 那里 / 那儿'

(1) '这里 zhèli 이곳, 那里 nàli 그곳'은 장소를 지시한다. '这儿 zhèr, 那儿 nàr'은 용법은 같지만 흔히 구어체에서 쓰인다.

这 里 的 环 境 很 好。
Zhè li de huán jìng hěn hǎo.
이곳의 환경은 매우 좋습니다.

那 里 很 清 静。
Nà li hěn qīng jìng.
그곳은 매우 조용합니다.

那 儿 离 我 家 不 远。
Nàr lí wǒ jiā bù yuǎn.
거기는 우리집에서 멀지 않습니다.

(2) '这里 / 这儿 / 这边儿', '那里 / 那儿 / 那边儿'은 인칭대사 또는 사람을 나타내는 명사 뒤에 놓여서 [~의 쪽]이란 뜻으로 쓰인다.

我 这儿(这里 / 这边儿)。
Wǒ zhèr　(zhè li / zhè biār)
제 쪽.(~쪽/~쪽)

学生们那里(那儿 / 那边儿)。
Xué sheng men nà li　(nàr　/ nà biār)
학생들 쪽.(~쪽/~쪽)

他们那边儿。
Tā men nà biār.
그들 쪽.

4 _ '这会儿 zhèhuìr, 那会儿 nàhuìr'

구어체에서 '这会儿'은 [이번에야], '那会儿'은 [그 때에]의 뜻으로 쓴다.

这会儿才有了空儿。
Zhè huìr　cái yǒu le kòngr.
이번에야 짬이(여유가) 있게 되었습니다.

她那会儿来过我家。
Tā nà　huìr　lái guo wǒ jiā.
그녀는 그 때 우리집에 왔었습니다.

5 _ '这么 zhème, 那么 nàme'

'这么 zhème'는 [이렇게 / ~처럼], '那么 nàme'는 [그렇게 / ~처럼]의 뜻으로 형용사 앞에서는 성질, 정도를 나타내고 동사앞에서는 동작의 방식을 나타내는 부사어로 쓰입니다.

北京的夏天那么热。
Běi jīng de xià tiān nà me rè.
북경의 여름은 그렇게 덥다.

汉城没有北京那么热。
Hàn chéng méi yǒu běi jīng nà me rè.
서울은 북경처럼 덥지 않다.

这么说、你同意了。
Zhè me shuǒ, nǐ tóng yì le.
이렇다면, 당신은 동의했습니다.

他的鞋没有你这么好。
Tā de xié méi yǒu nǐ zhè me haǒ.
그의 신발은 네것처럼 좋지 않습니다.

6 _ '这样 zhèyang, 那样 nàyang'

'这样'은 [이렇게], '那样'은 [그렇게]의 의미로 쓰이며 상태, 상황을 나타낸다. 명사를 수식할 때는 조사 '的'를 덧붙여 쓴다.

好、就这样做吧。(방식을 지시)
Hǎo, jiù zhè yang zuò ba.
좋아요. 이렇게 하세요.

这样的花很小见。(꽃을 수식)
Zhè yang de huā hěn shǎo jiàn.
이런 꽃은 보기 드물다.

你那样学习能行吗?
Nǐ nà yang xué xí néng xíng ma?
너는 그렇게 공부해서 되겠느냐?

你那样的衣服在哪儿买的?
Nǐ nà yang de yī fu zài nǎr mǎi de?
당신은 그런 옷을 어디에서 샀습니까?

지시대사를 정리해 보자.

근 칭		원 칭	
这	zhè	那	nà
这个	zhège	那个	nàge
这些	zhèxiē	那些	nàxiē

4 의문대사(疑问代词 yíwèn dàicí)

중국어의 의문대사도 한국어의 의문대명사처럼 알지 못하는 사람이나 확실하지 않은 사실을 말할 때 쓰인다. 의문대명사에는 '谁 shéi 누구, 什么 shénme 무엇, 哪里 nǎli 어디, 怎么 zěnme 어떻게, 几 jǐ 몇, 多少 duǒshao 얼마' 등이 있다.

1_여러가지 의문대사

(1) '谁 shéi 누구'

他是谁?
Tā shì shéi?
그는 누구에요?

那位是谁呢?
Nà wèi shì shéi ne?
저분은 누구세요?

(2) '什么 shénme 무엇 / 어떤'

这 是 什 么?
Zhè shì shén me?
이것은 무엇입니까?

那 是 什 么 书?
Nà shì shén me shū?
저것은 무슨 책이에요?

你 什 么 时 候 来?
Nǐ shén me shí hou lái?
당신은 어떤 때에 오시겠어요?

(3) '哪 nǎ 어떤 / 어느 것'

哪 个 是 你 的 书?
Nǎ ge shì nǐ de shū?
어느 것이 낭신의 책이에요?

哪 位 是 金 老 师?
Nǎ wèi shì jīn lǎo shī?
어느 분이 김선생님이십니까?

你 要 哪 种 颜 色?
Nǐ yào nǎ zhǒng yán sè?
어떤 색으로 하시겠어요?

(4) '哪里 nǎli / 哪儿 nǎr 어느곳 / 어디'

你 在 哪 里 工 作?
Nǐ zài nǎ li gǒng zuò?
당신은 어디에서 근무하세요?

你 现 在 哪 儿 去?
Nǐ xiàn zài nǎr qù?
지금 어디에 갑니까?

(5) '哪会儿 nǎ huìr 언제'

他 哪 会 儿 去 的?
Tā nǎ huìr qù de?
그는 언제 갔어요?

你 是 哪 会 儿 回 来 的?
Nǐ shì nǎ huìr huí lái de?
당신은 언제 돌아왔나요?

(6) '怎么 zěnme 왜 / 어떻게'

小 金 怎 么 没 上 班?
Xiǎo jīn zěn me méi shàng bān?
김군은 왜 출근하지 않았어요?

这 是 怎 么 回 事?
Zhè shì zěn me huí shì?
이게 어떻게 된 일이야?

怎 么 说、才 明 白 呢?
Zěn me shuǒ, cái míng bai ne?
어떻게 말해야 알까?

(7) '怎样 zěnyàng 어떤 / 어떻게'

他 是 怎样 的 人?
Tā shì zěn yàng de rén?
그는 어떠한 사람입니까?

怎 样 做 的 菜?
Zěn yàng zuò de cài?
요리를 어떻게 만들었어요?

(8) '怎么样 zěnmeyàng 어떠한 / 어떤지'

这 个 书 怎 么 样?
Zhè ge shū zěn me yàng?
이책은 어떻습니까?

这 个 怎 么 样?
Zhè ge zěn me yàng?
이것이 어떠실지?

(9) '几 jǐ 몇 / 얼마'

那 里 有 几 个 人?
Nà li yǒu jǐ ge rén?
거기에 몇사람 있나요?

您 家 几 口 人?
Nín jiā jǐ kǒu rén?
가족은 몇분이십니까?

유의점

'几'는 10개 미만의 수일 경우에 쓰인다.

(10) '多少 duǒshao 얼마 / 어느 정도'

你 买 了 多少 苹 果?
Nǐ mǎi le duǒ shao píng guǒ?
사과를 얼마나 샀나요?

考 试 得 了 多少 分?
Kǎo shì dé le duǒ shao fēn?
시험에서 몇점 맞았어요?

(11) '什么地方 shénme dìfang 어디'

他 到 什 么 地 方 去?
Tā dào shén me dì fang qù?
그는 어디에 간데요?

他 是 什 么 地 方 人?
Tā shì shén me dì fang rén?
그는 어디 사람이에요?

유의점

두가지 단어로 구성된 구(句)이지만 기능적으로는 하나의 의문대명사이다.

⑿ '什么时候 shénmeshíhou 언제'

他 什 么 时 候 来?
Tā shén me shí hou lái?
그는 언제 옵니까?

你 什 么 时 候 留 学 的?
Nǐ shén me shí hou líu xué de?
당신은 언제 유학을 했어요?

⒀ '为什么 wèishénme 왜 / 무엇 때문에'

你 为 什 么 不 去?
Nǐ wèi shén me bú qù?
너는 왜 가지 않느냐?

他 为 什 么 那 么 说?
Tā wèi shén me nà me shuǒ?
그는 무엇 때문에 그렇게 말 하나요?

유의점

중국어에서 의문대사가 쓰인 의문문인 경우 문장 끝에 '吗'를 붙이지 않는다. 만약 문장속에 의문대사와 '吗'가 동시에 쓰였다면 이때에는 의문대명사의 쓰임이 달라진다.

예 (×) 你 为 什 么 吗?   ※이렇게 쓰지 않는다. 특히 유의할 점이다.
Nǐ wèi shén me ma?
무엇때문인지 알아요?

2 _ 정해지지 않음을 나타내는 의문대명사

의문대명사중에 '什么, 哪里, 几'와 같이 사물, 장소, 시간, 수 등 정해지지 않은 뜻으로도 쓰인다.

(1) '什么 shénme 무엇인가'

你 有 什 么 问 题?
Nǐ yǒu shén me wèn tí?
뭔가 질문이 (문제가)있어요?

(2) '哪里 nǎli / 哪儿 어딘가'

那 个 在 哪 儿 看 过。
Nà ge zài nǎr kàn guó.
그것을 어디에서 보았는데요.

(3) '什么时候 shénme shíhou 언제인가'

你 什么 时候 有 时间 就 做 吧。
Nǐ shén me shí hou yǒu shí jiān jiù zuò ba.
언제 시간 있을 때 하세요.

(4) '几 jǐ 몇개인가'

我 们 班 女 学 生 不 几 个。
Wǒ men bān nǔ xué sheng bù jǐ ge.
우리반에 여학생은 몇 명 밖에 없다.

3 _ 임의의 뜻을 나타내는 의문대사

의문대사 중에 부사 '都 dōu 모두, 也 yě ~도'와 연결하여 [무엇이든지, 어디든지, 언제
든지, 누구든지······]처럼 임의의 모든 물건, 장소, 시간, 사람등을 나타낼 수 있다.

(1) '什么 shénme + 都 dōu / 也 yě'

什么 都 可 以。   我 什么 也 不 想 吃。
Shén me dōu kě yǐ. Wǒ shén me yě bù xiǎng chī.
무엇이든지 괜찮아요. 전 아무것도 먹고 싶지 않아요.

我 什么 书 也 都 看。
Wǒ shén me shū yě dōu kàn.
전 어떤 책이든 다 봅니다.

(2) '哪里 nǎli + 都 dōu / 也 yě'

那 样 的 草 哪 里 都 有。 这 样 的 东 西 哪 里 也 没 有。
Nà yàng de cǎo nǎ li dōu yǒu. Zhè yàng de dǒng xi nǎ li ye méi yǒu.
그런 풀은 어디든지 다 있다. 이런 물건은 어디에도 없다.

(3) '什么时候 shénme shíhou + 都 dōu / 也 yě'

你 们 什么 时 候 都 可 以 来。
Nǐ men shén me shí hou dōu kě yǐ lái.
너희들은 언제든지 올 수 있다.

他 什么 时 候 也 没 来。
Tā shén me shí hou yě méi lái.
그는 언제라도 (한번도) 오지 않았다.

(4) '谁 shéi + 都 dōu / 也 yě'

谁 都 不 知 道。　　　　谁 也 没 来。
Shéi dōu bù zhī dào.　　　Shéi yě méi lái.
누구도(아무도) 모릅니다.　　누구도 오지 않았다.

의문대명사를 정리해 보자.

사람 · 사물			시 간	방법, 상태, 이유, 성질		
谁	shéi	누구		怎么	zěnme	왜
什么	shénme	무엇	什么时候 shénmeshíhou 언제	怎样	zěnyàng	어떻게
哪	nǎ	어느(것)		怎么样	zěnmeyàng	어떻게

정 도			장 소		수 량		
多	duǒ	어느정도	哪儿	nǎr 어디	多少	duǒshao	얼마
			哪里	nǎli 어디에	几	jǐ	몇

3 수사 '0'과 '1'의 읽기와 쓰기 · '2'의 읽기와 쓰기 ·
소수, 분수, 서수, 배수의 읽기와 쓰기

수사(数词 shùcí)의 용법은 중국과 한국이 같다. 다만 일부 수사의 읽기와 쓰기에서 그 구별이 있을 뿐이다.

① '0'과 '1'의 읽기와 쓰기

'0'과 '1'의 사용에서 읽을 줄 알면 중국어에서 수를 세는 법과 쓰기가 그리 어렵지 않다.

1_ '0'의 읽기와 쓰기

임의의 숫자 사이에 '0'이 있을 경우 '0'을 '零 líng 링'으로 읽고 '零'으로 쓰면 된다.

108	→	一百零八	yī bǎi líng bā
3054	→	三千零五十四	sān qiān língwǔ shi sì
40068	→	四万零六十八	sì wàn líng liù shi bā

유의점 ❶

수사이에 '0'을 잊고 읽지 않으면 그 수가 변한다.

108	→	一百零八		40008	→	四万零八

|보기| 一百八(180)으로 된다.　　　　　보기 四万八(48000)으로 된다.

유의점 ❷

숫자 뒤에 '0'일 경우 '0'을 생략하고 읽는다.

180	→	一百八	yī bǎi bā(shí)
45000	→	四万五	sì wàn wǔ(qiān)

수사뒤에 양사가 있을 때 '0'을 생략하여 읽지 않는다. 그렇지 않으면 그 수가 달라진다.

180个　→　一 百 八 十　　yī bǎi shí ge

|보기| 一百八(108个)로 된다.

45000个 →　四 万 五 千　　sì wàn wǔqiānge

|보기| 四万五(40005个)로 된다.

2_ '1'의 읽기와 쓰기

임의의 숫자에서 '1'은 항상 'yī'라고 읽는다.

115　→　　一 百 一 十 五　　　　yī bǎi yī sh iwǔ

111　→　　一 百 一 十 一　　　　yī bǎi yī shi yī

3117　→　三 千 一 百 一 十 七　　sān qiān yī bǎi yī shi qī

한국어에서는 [10, 100, 1000, 10000]을 [십, 백, 천, 만]으로 읽고 쓰지만
중국어에서는 '一十 yīshí, 一百 yībǎi, 一千 yīqiān, 一万 yīwàn'으로 읽고 쓴다.

2 '2'의 읽기와 쓰기

중국어에서 '2'를 읽는 방법은 두가지가 있다. 경우에 따라 '二 èr 얼' 혹은 '两 liǎng 량'으로 읽는다.

1_ '2'를 '二 èr'로 읽는다.

2　→　二　　　　　　èr

12　→　十 二　　　　shí èr(yī shí èr)

421 → 四百二十一   sì bǎi èr shi yī
5200 → 五千二   wǔ qiān èr

유의점

① 20   → 二十   èr shi → (×) 两十 liǎng shi
② 200   → 两百   liǎng bǎi = 二百 èr bǎi
③ 200000 → 二十万 èrshiwàn → (×) 两十万 liǎng shi wàn
④ 천, 만, 억 단위의 '2'는 '两 liǎng'으로만 읽어야 한다.
    2000 两千
    20000 两万
    200000000 两亿(liǎng yì)
⑤ '2'가 두 개이상 연속되는 숫자는 처음의 '2'를 '两 liǎng'으로 읽고 뒤의 것은 '二
    èr'로 읽는다.
    222   → 两百二十二   liǎng bǎi èr shi èr
    2222 → 两千二百二十二   liǎng qiān èr bǎi èr shi èr
    ※ 22222 → 两万两千二百二十二 liǎng wàn liǎng qiān èr shi èr

2 _ '两 liǎng'을 사용하는 경우

① 양사앞에 한자리 수인 경우

    두개   → 两个   liǎng ge
    책두권   → 两本书   liǎng běn shū
    표두장   → 两张票   liǎng zhāng piào

② 외래의 도량형 단위인 경우

    2km → 两公里   liǎng gǒng lǐ
    2kg → 两公斤   liǎng gǒng jīn
    2t   → 两   liǎng dūn

중국의 무게 단위인 'liǎng (一两 = 50g)' 앞에 '2'가 오면 반드시 '二 èr'로 읽어야
한다.

　　二两 èr liǎng = 100g

---

3 소수, 분수, 서수, 배수의 읽기와 쓰기

1 _ 소수(少数 shǎo shù)

소수점은 '点 diǎn'이라고 읽는다.

0.2	零点二	líng diǎn èr
3.42	三点四二	sān diǎn sì èr
25.2	二十五点二零一	èr shí wǔ diǎn èr líng yī

三点四十二 sān diǎn sì shi èr 로 읽고 쓰지 않는다.

2 _ 분수(分数 fēnshù)

|읽기|　2　분자(分子 fēn zi)

　　　── 분수선(分数线 fēn shù xiàn)

　　　5　분모(分母 fēn mǔ)

※ '2/5'을 '五分之二 wǔ fēn zhi èr'이라고 읽는다.

※ 퍼센트는 '百分之 bǎi fēn zhi'라고 읽는다.

80%	百分之八十	bǎi fēn zhi bā shi
7.8%	百分之七点八	bǎi fēn zhi qī diǎn bā
100%	百分之百	bǎi fēn zhi bǎi

중국에서 세일을 '打折 dǎ zhé'라고 한다. 가령 [30%세일]을 '打七折 dǎ qī zhé'라고 한다. 우리말과는 정반대이다.

3 _ 서수(序数 xùshù)

중국어에서 서수는 수량사 앞에 '第 dì'를 붙인다.

第一课堂	dì yī kē tang	첫 번째 수업시간
第一小时	dī yī xiǎo shí	첫시간
第一天	dì yī tiān	첫날(첫째날)
第二名	dì ér míng	2등(두번째)
第五卷	dì wǔ juàn	제5권
第二十五号(第25号)	dì èr shi wǔ hào	제25호

유의점

三点四十二 sān diǎn sì shi èr 로 읽고 쓰지 않는다.

① 회화에서는 '第'를 생략한다.

你 是 几 号 ?　　　　是 五 号。
Nǐ shì jǐ hào?　　　　Shì wǔ hào.
당신의 번호는?　　　　5번입니다.

② '第 dì'를 붙이지 않는 경우

二月	èr yuè	2월
三路	sān lù	3번(3번 버스노선)
二哥	èr gē	둘째형님

중국에서는 항렬에 첫째를 '大 dà'를 붙여 '大哥 dàgē', '大姐 dàjiě'라고 부른다. 또 부모들은 첫째를 '老大 lǎodà'라고 부른다.(나이가 비슷한 동료나 선배들을 존경하여 친숙하게 '大哥, 大姐'라고 부른다.)

4 _ 배수(倍数 bèishù)

배수는 수사뒤에 '倍 bèi'를 붙여주면 된다.

예 一倍   yībèi   한배

    两倍   liǎngbèi   두배

    一百倍   yībǎibèi   백배

중국어에서 '倍'를 붙일 때 배수 앞에 꼭 '增加了 zēngjiāle 증가되다'나 '增加到 zēngjiādào ～로 증가되다'의 말을 쓰게 되는데 우리말 번역에서 각별히 유의해야 한다.

예 增加了一倍。   增加到三倍。
    Zēng jiā le yī bèi.   Zēng jiā dào sān bèi.
    두배가 되었다.   세배로 되었다.

※중국어에는 3.5倍. 즉 소수로 된 배수는 하지 않는다.

5 _ 대략의 수(概数 gài shù 개수)

(1) 인접한 두수를 병렬하는 수

    一两名   yī liǎng míng   한두사람

    三四名   sān sì míng   삼사명

    七八岁   qī bā suì   7.8세

    十五六天   shí wǔ liù tiān   십오육일

(2) 불특정수를 나타내는 '几 jǐ 몇' 경우

来 了 几 个 人。
Lái le jǐ ge rén.
몇사람이 왔습니다.

有 几 百 万 辆 汽 车。
Yǒu jǐ bǎi wàn liàng qì chē.
몇백만대의 자동차가 있습니다.

(3) 정도, 쯤을 나타내는 수량사

一 个 月 左 右。
Yī ge yuè zuǒ yòu.
한달 정도

三 点 左 右。
Sān diǎn zuǒ yòu.
세시쯤

(4) 전후, 쯤을 나타내는 수사

三. 一 前 后。
Sān yī qián hòu.
3.1절 전후

春 节 前 后。
Chūn jié qián hòu.
설날 쯤

(5) '上, 下'를 쓰는 수사

五 十 上 下。
Wǔ shí shàng xià.
50세 전후

一 米 七 (十) 上 下。
Yī mǐ qī (shí) shàng xià.
1m 80정도

(6) '多 duo ~여'를 나타내는 수사

学 生 两 千 多。
Xué sheng liǎng qiān duǒ.
학생이 2000여명이 됩니다.

(7) '多, 来'를 붙이는 수량사

	多	来
小 時	三个多小时 세시간 남짓	三个来小时 세시간이나
天	二十多天 20여일 两天多 이틀남짓	二十来天 20일씩이나
月	一个多月 한달남짓 一个月多 한달남짓	一个来月 한달동안이나(한달씩이나)
年	一年多 일년남짓 十多年 십여년	十来年 10년쯤(10년씩이나)
星期	两个多星期 2주간 남짓	两个来星期 2주간씩이나

4 양사

양사의 종류 · 명량사 · 동량사 · 시간양사 · 금액양사

1 양사의 종류(量词种类 liàngcí zhǒnglèi)

중국어 양사는 수량을 세는 명량사(名量词)와 동사의 분량을 세는 동량사(动量词)가 있다.

│명량사│ 一 支 铅 笔。
　　　　Yī zhī qiān bǐ.
　　　　연필 한자루

│동량사│ 写 过 一 遍。
　　　　Xiě guo yí biàn.
　　　　한번 썼다.

2 명량사(名量词)

물건의 수량을 세는 단위를 명량사라고 한다.
명량사의 성질에 따라 [개체양사, 집합양사, 부정양사, 차용양사, 도량사]가 있다.

1. 개체양사(사물을 하나씩 셀 때 사용하는 양사)

개체양사	사 물 명 사			
把 bǎ	椅子 yǐzi	伞 sǎn	刀 dāo	茶壶 cháhú
本 běn	书 shū	词典 cídiǎn	小说 xiǎoshuō	
个 ge	人 rén	文件 wénjiàn	问题 wèntí	
封 fēng	信 xìn	电报 diànbào		
架 jià	飞机 fēijī	照相机 zhàoxiàngjī	钢琴 gāngqín	

件 jiàn	衣服 yīfu	案子 ànzi	事情 shìqing	
家 jiā	人家 rénjiā	公司 gōngsī	商店 shàngdiàn	工厂 gōngchǎng
节 jié	课 kè	车厢 chēxiāng	电池 diànchí	
块 kuài	糖 táng	手表 shǒubiǎo	香皂 xiāngzào	
辆 liàng	车 chē	自行车 zìxíngchē	三轮车 sānlúnchē	
篇 piān	论文 lúnwén	文章 wénzhāng	剧本 jùběn	
首 shǒu	诗 shī	歌 gē		
台 tái	电话 diànhuà	彩电 cǎidiàn	录像机 lùxiàngjī	
条 tiáo	路 lù	街 jiē	河 hé 鱼 yú 狗 gǒu 裤 kù	
位 wèi	客人 kèrén	先生 xiānsheng		
张 zhāng	床 chuáng	桌子 zhuōzi	纸 zhǐ	
只 zhī	手 shǒu	船 chuán	羊 yáng 鸡 jī	
支 zhī	钢笔 gāngbǐ	香烟 xiāngyān		

2. 집합양사(복수의 사물을 하나의 집합으로 셀 경우)

집합양사	사 물 명 사			
双 shuāng	鞋 xié	筷子 kuàizi	手套 shǒutào	袜子 wàzi
套 tào	房间 fángjiān	家具 jiājù	西装 xīzhuāng	
对 duì	眼睛 yǎnjìng	夫妻 fūqī	花瓶 huāpíng	
份(儿) fēn	饭 fàn	礼物 lǐwù	报纸 bàozhǐ	
批 pī	学生 xuésheng	商品 shāngpǐn	工厂 gōngchǎng	
副 fù	眼镜 yǎnjìng	对联 duìlián	耳环 ěrhuán	
打 dá	铅笔 qiānbǐ	酒 píjiǔ		

3.차용양사(명사가 양사로 활용된 양사)

집합양사	사 물 명 사		
碗 wǎn	米饭 mǐfàn	面条 miàntiáo	粥 zhōu
盒 hé	餅干 bǐnggān	蛋糕 dàngāo	香烟 xiāngyān
杯 bēi	水 shuǐ	咖啡 kāfēi	茶 chá
瓶 píng	酒 jiǔ	啤酒 píjiǔ	
包 bāo	大米 dàmǐ	面粉 miànfěn	药面 yàomiàn
袋 dài	米 mǐ	面 miàn	
桶 tǒng	水 shuǐ	油 yóu	

4. 부정양사(不定量詞)(불특정양을 나타내는 양사)

부정양사	사 물 명 사		
一点儿 yīdiǎr	一点儿水	yīdiǎrshuǐ	조금의 물
	一点心意	yīdiǎnxīnyì	적은 성의
	一点儿没看	yīdiǎrméikàn	조금도 보지 않았다
一些 yīxiē	一些人	yīxiērén	일부사람
	一些东西	yīxiēdǒngxi	일부물건(적은물건)

5. 도량양사(度量量詞)(도량형의 단위)

종 류	사 물 명 사		
길 이	公里 gǒnglǐ(km)	里 lǐ (500m)	
	米(公尺) mǐ(gōngchǐ)(m)	公分 gǒngfēn(cm)	
무 게	公斤 gōngjīn kg	斤 jīn 근 500g	克 kè g · 两 liǎng 50g
면 적	平方米 píngfāngmǐ(m²)	亩 mǔ(아르의 6.667배)	平方公里 píngfānggōnglǐ (km²)
용 적	公升 gōngshēng (리터)	立方米 lìfāngmǐ (m³)	立方厘米 lìfānglímǐ (cm³)

---

③ 동량사(动量词)

동작의 분량을 세는 동량사

종 류	동 량 사			
전용동량사	次 cì	~번, ~회	回 huí ~번, ~회	
	趟 tàng	~번(왕복하는 동작)		
	场 cháng	비, 바람, 홍수, 전쟁, 꿈의 횟수		
	阵 zhèn	비, 바람, 소리, 아픔 횟수		
	遍 biàn	~번(동작의 시간적 경과)		
	顿 dùn	~번(식사, 질책등의 횟수)		
	下 xià	~번(여러가지 동작)		
차용동량사(명사 를 양사로 차용)	(看 kàn) 一眼 yīyǎn	힐끗보다		
	(踢 tī) 一脚 yījiǎo	한번차다		
	(打 dǎ) 一拳 yīquán	한주먹 안기다		

(放 fàng) 一枪 yīqiáng	한방쏘다
一甩 yīshuǎi	뿌리치다

차용동량사는 '看一眼'에서 '一眼'은 동작의 분량을 세는 수사처럼 쓰였지만 습관적으로 하나의 굳어진 [힐끗]이란 단어로 쓰인다. '看一眼'이라 하지 않는다.

4 시간양사(动量词)

시각, 시간을 나타내는 양사

시 각			시 간		
点	diǎn	시	小时	xiǎoshí	시간
分	fēn	분	分钟	fēnzhōng	분(간)
秒	miǎo	초	秒	miǎo	초

① 2시는 '二点'이 아니라 '两点'으로
② ~시는 '~点钟'이나 '点'으로
③ 10분 미만일 경우에는 '零'을 사용해야 한다. '五点零八分'을 (5 : 08)
④ '刻 kè'는 [15분]으로
⑤ [몇시 몇분전]이라고 할 때는 한국어와 정반대 순서로 '差 chà'를 써서 '差×分×点'이라고 말한다.
⑥ 시각을 물을 경우
现在几点(种)？ → 现在是差五分钟八点(种)

시간도표

종 류	사 물 명 사		
시 각	1:00	一点(钟)	yīdiǎn(zhōng)
	2:05	两点零五分	liǎngdiǎnlíngwǔfēn
	3:15	三点十五分	sāndiǎnshíwǔfēn
		三点一刻	sāndiǎnyīkè
	5:30	五点三十分	wǔdiǎnsānshifēn
		五点半	wǔdiǎnbàn
	5:45	五点四十五分	wǔdiǎnsìshiwǔfēn
		五点三刻	wǔdiǎnsānkè
	10:55	十点五十五分	shídiǎnwǔshiwǔfēn
		差五分十一点	chàwǔfēnshiyidiǎn
	15:40	十五点四十分	shíwǔdiǎnsìshífēn
		下午三点四十分	xiàwǔsāndiǎnsìshifēn
시 간	1시간	一(个)小时	yī(ge)xiǎoshí
	2시간10분	两(个)小时 十分钟(鐘)	liǎng(ge)xiǎoshíshifēnzhōng
	3시간 반	三个半小时	sāngebànxiǎoshí
	15시간 10분	十五个小时十分钟	shiwǔgexiǎoshíshifēnzhōng

5 금액양사(金额量词)

중국의 화폐이름은 '人民币 rénmínbì'라고 하고 단위는 '元 yuán'이다.

단 위	구 어
元 yuán = 10角 角 jiǎo = 10分 分 fēn	(元)块 kuài (角)毛 máo

금액을 나타내는 방법

서면어		구 어	
壹圆(一元)	yīyuán	一块	yīkuài
贰圆	èryuán	两(二)块	liǎng(èr)kuài
伍圆	wǔyuán	五块	wǔkuài
伍圆贰角	wǔyuánèrjiǎo	五块二(两毛)	wǔkuàièr
拾圆	shíyuán	十块	shíkuài
贰拾伍圆	èrshíwǔyuán	二十五块	èrshíwǔkuài

대문자수(大写 dàxiě)

壹	贰	参	肆	伍	陆	柒	捌	玖	拾
Yī	èr	Sān	Sì	Wǔ	Liù	Qī	Bā	Jiǔ	Shí
一	二	三	四	五	六	七	八	九	十

① 동사의 특징(动词)

1 _ 看 kàn

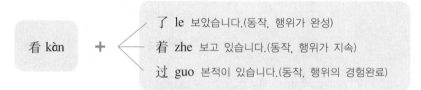

看 kàn + ┌ 了 le 보았습니다.(동작, 행위가 완성)
         ├ 着 zhe 보고 있습니다.(동작, 행위가 지속)
         └ 过 guo 본적이 있습니다.(동작, 행위의 경험완료)

중국어의 동사는 우리말 동사와 달리 활용이 없다. '看 kàn 보다' '唱 chàng 노래부르다'와 같이 하나의 형태만 알면된다.

2 _ 한개 동사가 주어나 목적어로 된다.

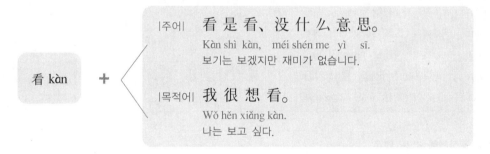

看 kàn +

|주어| 看 是 看、没 什 么 意 思。
Kàn shì kàn, méi shén me yì sī.
보기는 보겠지만 재미가 없습니다.

|목적어| 我 很 想 看。
Wǒ hěn xiǎng kàn.
나는 보고 싶다.

타동사와 자동사

중국어 동사는 뒤에 목적어를 가지면 타동사(及物动词 jǐwùdòngcí)라 하고 동사뒤에 목적어를 가지지 않으면 자동사(不及物动词 bùjǐwùdòngcí)라고 한다. 그러나 형태의 차이는 없다.

1_ 타동사

중국어에서 대부분의 타동사는 목적어를 하나만 가진다.

타동사와 목적어

타 동 사			목 적 어					
看	kàn	보다	书	shū	책	电视	diànshì	TV
听	tīng	듣다	音乐	yīnyuè	음악	广播	guǎngbō	방송하다
吃	chī	먹다	晚饭	wǎnfàn	저녁밥	药	yào	약
喝	hē	마시다	茶	chá	차	啤酒	píjiǔ	맥주
学习	xuéxí	배우다	外语	wàiyǔ	외국어	经济	jīngjì	경제
生产	shēngchǎn	생산하다	汽车	qìchē	자동차	小麦	xiǎomài	밀

두 개의 목적어를 갖는 동사

教	jiāo	가르치다 (教给 jiāogěi 가르쳐주다)
送	sòng	보내다 (送给 sònggěi 보내주다)
还	huán	돌려주다 (还给 huángěi 돌려주다)
问	wèn	묻다 (交给 jiāogěi 건네주다)
告诉	gàosu	알리다 (寄给 jìgěi 우송하다)

보기 두 개의 목적어를 갖는 예문

간접목적어 직접목적어
他 给 了 我 一 张 票。
Tā gěi le wǒ yī zhāng piào
그는 나에게 티켓 한 장을 주었습니다.

※ 위의 예문에서 본 바와 같이 직접 목적어는 주로 사물을 나타내며 간접목적어는 주로 사람을 나타낸다.

'给 gěi'의 쓰임

(1) [주다]의 동사로

他 给 我 一 本 书。
Tā gěi wǒ yī běn shū.
그는 나에게 책 한권을 주었습니다.

(2) [~에게]라는 개사로

这 本 书 给 他 买 的。
Zhè běn shū gěi tā mǎi de.
이책은 그에게 주려고 산 것입니다.

(3) 피동문에서 실행자를 이끄는 개사로

报 纸 给 风 吹 掉 了。
Bào zhǐ gěi fēng chuī diào le.
신문이 바람에 날려 떨어졌습니다.

(4) 동사뒤의 결과 보어로

送 给 你。
Sòng gěi nǐ.
당신에게 보내 드립니다.

还 给 你。
Huán gěi nǐ.
당신에게 돌려드립니다.

借 给 你。
Jiè gěi nǐ.
당신에게 빌려 드립니다.

2 _ 자동사

중국어에서 자동사는 뒤에 여러 가지 명사 및 명사구를 가질 수 있고 그 명사 및 명사구들이 각각 목적어로도 된다. 그러므로 하나의 동사는 타동사용법과 자동사용법을 모두 가지고 있다.

1. 자동사 + 명사, 명사구(목적어)

		자동사		명사 및 명사구		
我	wǒ	去	qù	上海。	shànghǎi	(장소)저는 상해에 갑니다.
刚	gāng	来了	láile	学生。	xuésheng	(사람)방금 학생이 왔습니다.
我	wǒ	睡	shuì	五个小时。	wǔgexiǎoshí	5시간이나 잤습니다.
他	tā	参加	cānjiā	示威了。	shìweīle	그는 시위에 참가했습니다.
鞋	xié	掉了	diàole	河里。	héli	신이 강물에 떨어졌습니다.

2. 자동사와 타동사의 비교

자 동 사	타 동 사
狗 跑 了。 Gǒu pǎole 개가 달아났다.	风 给 刮 跑 了。 Fēng gěi guā pǎole 바람에 날려 갔다.
他 哭 了。 Tā kūle 그는 울었다.	你 哭 什 么？ Nǐ kū shénme? 왜 울어요?
书 丢 了。 Shū diūle 책을 잃었다.	怕 丢 面 子。 Pà diū miànzi. 체면을 잃을까봐 두려워요.
学 生 闹 哄 了。 Xuésheng nàohongle 학생들이 떠들어 대다.	学 生 给 闹 哄 了。 Xué sheng gěi nào hongle 학생들을 떠들어 대게 했다.

③ 동사의 중첩형

중국어에서 대부분 동사는 중첩형으로 될 수 있다. 동사가 중첩형이 되면 그 의미가 좀 달라질 뿐만 아니라 단음절 중첩은 그 성조도 변한다.

1_ 가벼운 동작, 행위를 나타내고자 할 때

看	kàn	보다	→	看看	kànkan	좀보자
坐	zuò	앉다	→	坐坐	zuòzuo	좀 앉다
想	xiǎng	생각하다	→	想想	xiǎngxiang	좀 생각하다

休息	xiūxi	휴식하다	→	休息休息	xiūxixiūxi	휴식 좀 하다
介绍	jièshào	소개하다	→	介绍介绍	jièshàojièshào	잠깐 소개하다

2 _ 가벼운 기분 즐거운 느낌을 주는 동사의 중첩

중국어감한에서

洗澡	xǐzǎo	목욕하다	→	洗洗澡	xǐxizǎo	몸을 씻다
打球	dǎqiǔ	공을치다	→	打打球	dǎdaqiǔ	공을 쳐보다
散步	sànbù	산보하다	→	散散步	sànsanbu	산보를 해보다
跑步	pǎobù	뛰다	→	跑跑步	pǎopaobù	좀 뛰다
写信	xiěxìn	편지쓰다	→	写写信	xiěxiexìn	편지도 쓴다
看你	kànnǐ	당신을 보다	→	看看你	kànkannǐ	당신을 좀 보자

3 _ 시도, 테스트, 시행을 나타내고자 할 때

尝	cháng	맛보다	→	尝尝	chángchang	맛 좀 보자
试	shì	해보다	→	试试	shìshi	좀 해보다
验	yàn	검사하다	→	验验	yànyan	검사 좀 해보다
看	kàn	보다	→	看看	kànkan	두고 보자

4 _ [동사 + 목적어]형 2음절 동사의 경우

帮忙	bāngmáng	돕다	→	帮帮忙	bāngbangmang	좀 돕다
开眼	kāiyǎn	식견을 넓히다	→	开开眼	kāikaiyǎn	식견을 좀 넓히다
补课	bǔkè	보충수업하다	→	补补课	bǔbukè	보충수업을 좀하다
看病	kànbìng	진찰하다	→	看看病	kànkanbin4g	진찰을 좀 받다

보기 중첩형 동사중간에 '一'가 들어간 경우

说一说	shuō yi shuō	말 좀 해보다
看一看	kàn yi kàn	좀 보다
走一走	zǒu yi zǒu	좀 걷다

중첩형 동사 중간에 '了'가 들어간 경우

说了说	shuō le shuō	말을 해 봤다
看了看	kàn le kàn	보기는 봤다
走了走	zǒu le zǒu	걷기는 걸어도

 중첩형 동사 중간에 '了 一'가 들어간 경우

说了一说	shuō le yi shuō	말하고 보니
看了一看	kàn le yi kàn	보고 나니
走了一走	zǒu le yi zǒu	걷고 걸어보니

유의점

중첩형이 될 수 없는 동사

1. 발전, 변화를 나타내는 동사

   开始 kāishǐ 시작하다.   生 shēng 낳다.

2. 심리 활동을 나타내는 동사

   怕 pà 두렵다.   爱 ài 사랑하다.

3. 존재, 판단, 소유등을 나타내는 동사

   在 zài 있다   是 shì 옳다   有 yǒu 있다

4. 방향을 나타내는 동사

   起 qǐ 시작하다   朝 cháo 향하다

 이합사(离合词 líhécí)

중국어 동사에서 두 개의 형태소(두개의 동사 혹은 '동사 + 목적어'형)가 분리될 수 있는
것이 있는데 이를 이합사라고 부른다.

　예 帮忙 bāngmáng 일손을 돕다.

'帮忙'의 동사구조를 보면 [바쁘다(忙)]와 [돕다(帮)]는 2음절 동사이다. 그러므로 중국어에서 흔히 분리해서 쓸 수도 있다.

我 帮 过 他 很 多 忙。

Wǒ bāng guò tā hěn duō máng.

그의 바쁜 일손을 많이 도와줬습니다.

흔히 쓰는 이합사

동 사	동사가 분리된 예
毕业 bìyè 졸업하다	毕 不 了 业。 Bìbuliǎoyè 졸업을 못한다.
结婚 jiéhūn 혼인하다	结 过 婚。 Jiéguohūn 결혼을 했다.
吵架 chǎojià 다투다	吵 过 一 次 架。 Chǎoguoyícìjià 한번 말다툼을 한적이 있다.
吃亏 chīkuī 손해보다	吃 了 亏。 Chīlekuī(吃过亏) (chīguokuī) 손해봤다.(손해 본적이 있다.)
存款 cúnkuǎn 저축하다	存 了 一 笔 款。 Cúnleyibǐkuǎn 좀 저축을 했다.
倒车 dǎochē 차를 갈아타다	再 倒 一 次 车。 Zàidǎoyícìchē 또 한번 갈아타야 한다.
离婚 líhūn 이혼하다	又 离 了 昏。 Yòulílehūn 또 이혼을 했다.
请假 qǐngjià 휴가를 요청하다	请 了 一 天 假。 Qǐngleyìtiānjià 하루 휴가를 요청하다.
生气 shēngqì 화내다	生 我 的 气。 Shēngwǒdeqì 나 때문에 화 내다.
随便 suíbiàn 마음대로 하다	随 你 的 便。 Suínǐdebiàn 당신 마음대로 해요.

请客 qǐngkè 대접하다	请 他 的 客。 Qǐngtādekè 그를 대접했다.
着急 zháojí 급하다	你 着 什 么 急? Nǐzhaóshénmejí? 무엇이 급한가?

⑤ 주술구를 목적어로 갖는 동사

술어　　　　목적어

我 要求 你每天要跑。
Wǒ yào qiú　nǐ méi tiān yào pǎo.
저는 당신께서 매일 뛰실 것을 요구합니다.

위의 문장에서 동사 '要求' 의 목적어는 주술구 '你每天要跑' 이다.

주술구를 목적어로 갖는 동사

동 사	주술구로 된 목적어
看　　보다　→　kàn	他 是 好 学 生。 Tā shì hǎo xué sheng. 그는 좋은 학생이라고 봅니다.
知道　알다　→　zhīdào	你 学 习 好。 Nǐ xué xi hǎo. 너는 공부를 잘 하는 것으로 알고 있다.
同意　찬성　→　tóngyì	你 美 国 留 学。 Nǐ měi guó liú xué. 너의 미국 유학을 찬성한다.
相信　믿다　→　xiāngxìn	你 明 年 能 来。 Nǐ míng nián néng lái. 너는 내년에 오리라고 믿는다.

6 특수동사 '是'와 '有'

관례와 판단을 나타내는 '是 shì'와 존재나 소유를 나타내는 '有 yǒu'에는 조금 다른 특성이 있다.

是 shì	不是 búshì
这 是 他 的。 Zhè shì tā de 이것은 그의 것이다.	这 不 是 他 的。 Zhè bú shi tā de 이것은 그의 것이 아니다.
是、我 的。 Shì, wǒ de 네, 저의 것입니다.	不 是 我 的。 Bú shì wǒ de 저의 것이 아니에요.
是、这 样 的。 Shì, zhè yàng de 이런 것이 옳습니다.	不 是 这 样 的。 Bú shì zhè yàng de 이런 것이 아닙니다.

알아두기 -

'是'는 중첩형 동사로 안된다.

有 yǒu	没有 méiyǒu
我 有 汽 车。 Wǒ yǒu qì chē 나는 자동차가 있습니다.	我 没 有 汽 车。 Wǒ méi yǒu qì chē 나는 자동차가 없습니다.
我 也 有。 Wǒ yě yǒu 저도 있습니다.	我 也 没 有。 Wǒ yě méi yǒu 저도 없습니다.
有 这 样 的 东 西。 Yǒu zhè yàng de dōng xī 이런 물건은 있습니다.	没 有 这 样 的 东 西。 Méi yǒu zhè yàng de dōng xī 이런 물건은 없습니다.

알아두기 -

'有 yǒu'와 '没有 méiyǒu' 뒤에 동태조사 '了 le, 过 guò'가 각각 붙어 쓰일 수 있다.

예 我 也 有 了。　　→　　我 也 有 过。
Wǒ yě yǒu le.　　　　　Wǒ yě yǒu guò.
저도 있습니다.　　　　　저에게도 있었습니다.

我 也 没 有 了。　→　　我 也 没 有 过。
Wǒ yě méi yǒu le.　　　Wǒ yě méi yǒu guò.
저역시 없습니다.　　　　저역시 있은적이 없습니다.

7 '很 hěn'의 수식을 받는 동사

정도를 나타내는 부사 '很 hěn'은 보통 형용사를 수식하지만 심리상태, 생리상태를 나타내는 일부 동사를 수식할 수도 있다.

1 _ 심리상태를 나타내는 동사를 수식

我 很 喜 欢 她。　　　　我 很 讨 厌 他。
Wǒ hěn xǐ huan tā.　　　Wǒ hěn tǎo yàn tā.
나는 그녀를 매우 사랑합니다.　난 그를 싫어합니다.

2 _ 생리상태를 나타내는 동사를 수식

腿 很 疼。　　　　　　我 很 困。
Tuǐ hěn téng.　　　　　Wǒ hěn kùn.
다리가 몹시 아픕니다.　　저는 몹시 졸립니다.

我 很 饿。
Wǒ hěn è.
전 몹시 배가 고픕니다.

6 조동사 — 조동사의 특징·조동사의 종류

① 조동사(助动词 zhùdòngcí)의 특징

조동사를 능원동사(能愿动词 néngyuàndòngcí)라고도 한다. 중국어에서 대표적인 조동사는 '能 néng' 이다. 조동사는 동사앞에 놓여 [~할 수 있다. ~라도 좋다. ~하지 않으면 안된다. ~해야한다. ~하고 싶다.]라는 의미를 동사에 더해 준다.

1 _ 동사앞에 놓인다.

他 能 走 了。
Tā néng zǒu le.
그는 능히 걸을수 있습니다.

五 分 钟 能 走 到 学 校。
Wǔ fēn zhōng néng zǒu dào xué xiào.
5분이면 학교에 갈 수 있습니다.

2 _ 반복 의문문으로 질문할 수 있다.

明 天 能 不 能 走？
Míng tiān néng bu néng zǒu?
내일 갈 수 있습니까?

可 以 不 可 以 走？（可不可以走？）
Kě yǐ bu kě yǐ zǒu?
갈 수 있습니까?

应 该 不 应 该 写？（应不应该写？）
Yīng gāi bu yīng gāi xiě?
글을 쓸 수 있습니까?

> **보기 두 개의 목적어를 갖는 예문**
>
> 위에서 보다시피 2음절 조동사의 반복의문문의 경우 긍정부분 '可以'에서 '以'를, '应该'에서 '该'를 생략할 수도 있다.

3 _ 조동사만으로 질문의 대답이 된다.

你 能 不 能 学 习 汉 语？
Nǐ néng bu néng xué xi hàn yǔ?
중국어 공부를 할 수 있어요?

|긍정의 대답| 能 néng 예
|부정의 대답| 不能 bùnéng 아니오

---

② 조동사의 종류

조동사는 의미에 따라 몇가지로 분류할 수 있다.

1 _ '能 néng, 会 huì 可以 kěyǐ' 는 [～할 수 있다] 유형의 조동사

① 能 néng
내재적 능력 혹은 외적요인을 만족시키고 있는 경우 [～할 수 있다]의 뜻으로 사용된다.

八 点 准 能 到 学 校。
Bā diǎn zhǔn néng dào xué xiào.
학교에 8시에는 꼭 도착할 수 있습니다.

我 能 看 中 文 报。
Wǒ néng kàn zhōng wén bào.
저는 중국어 신문을 볼 수 있습니다.

我 能 干 活。(我不能干活。)
Wǒ néng gàn huó.
일할 수 있습니다.(일할 수 없습니다.)

② 会 huì
학습, 연습을 통해 기능을 습득하여 [～할 수 있다.]는 의미로 사용된다.

他 会 说 英 语。
Tā huì shuō yīng yǔ.
그는 영어로 말할 수 있습니다.

她 会 电 脑。
Tā huì diàn nǎo.
그녀는 컴퓨터를 할 수 있습니다.

她 不 会 写 字。
Tā bu huì xiě zì.
그녀는 글을 쓸줄 모릅니다.

她 会 不 会 汉 语？
Tā huì bu huì hàn yǔ.
그녀는 중국어를 압니까?

③ 可以 kěyǐ

[~하여도 좋다. ~해도 된다. ~해도 상관없다.]라는 의미로 쓰인다.

这 儿 可 以 坐。
Zhèr   kě yǐ zuò.
여기에 앉아도 됩니다.

我 可 以 走 吗?
Wǒ kě yǐ zǒu ma?
가도 됩니까?

→ 可 以。
Kě yǐ.
예(됩니다.)

→ 可 以。
Kě yǐ.
예(됩니다.)

유의점

중국어에서 '可以' 앞에 '不'를 붙여쓰지 않는다.

예 可 以 回 家 吗?

Kě yǐ huí jiā ma?

집으로 돌아가도 됩니까?

→ (×)不可以 Bù kě yi

→ (○)不能(不行) Bù néng(bù xíng)

되지 않습니다.(안됩니다.)

2 _ '要 yào 应该 yīnggāi 应当 yīngdāng 得 děi' 는 [~하지 않으면 안된다. ~해야한다. ~하는 편이 좋다.] 등의 필요성, 의무, 권고의 뜻으로 쓰인다.

① 要 yào

[~하지 않으면 안된다. ~해야 한다. ~할 필요가 있다.]의 의미로 사용된다.

开 车 要 小 心。
Kāi che yào xiǎo xīn.
차를 몰 때에는 반드시 조심해야 합니다.

一 定 要 好 好 学 习。
Yí dìng yào hǎo hāo xué xi.
공부를 반드시 잘 해야 합니다.

不 要 吸 烟。
Bú yào xī yān.
담배를 피우지 마세요.

不 要 乱 说。
Bú yào luàn shuō.
아무말이나 하지 마세요.

② ‘应该 yīnggāi, 应当 yīngdāng’는 [～해야한다. ～하는 편이 좋다.]라는 의미로 사용된다.

好 的 应 该 送 给 妈 妈。
Hǎo de yīng gāi sòng gěi mā ma.
좋은 것은 어머님께 보내드려야 합니다.

应 当(应 该)改 错 误。
Yīng dāng(yīng gāi)gǎi cuò wù.
응당 착오를 고쳐야 합니다.

年 轻 人 做 好 事 是 应 当 的。
Nián qīng rén zuò hǎo shì shi yīng dāng de.
젊은이들이 좋은 일을 하는 것은 응당합니다.

③ ‘得děi’는 구어에서 쓰이고 문어체에서는 쓰이지 않다. [～하지 않으면 안된다. ～해 야한다]는 의미로 쓰인다.

我 得 上 班 了。
Wǒ děi shàng bān le.
출근해야 되겠습니다.

我 得 试 试。
Wǒ děi shì shì.
해봐야 합니다.

看 病 得 花 好 多 钱。
Kàn bìng děi huā hǎo duō qián.
병보는데 돈을 많이 써야 합니다.

유의점

구어체에서만 사용하는 ‘得 děi’(발음에서만)자앞에 부정을 나타내는 ‘不 bù’나 ‘没 méi’를 붙이지 않다. 회화에서 부정을 나타낼 때에는 ‘不用 búyòng, 不必 búbì’를 사용 한다.

㈜ 我 得 干 活 了。   →   不 用 了。(不必了。)
Wǒ děi gàn huó le.   Bú yòng le. (Bú bì le.)
                              않해도 되요(필요치 않아요)

---

3 _ ‘要 yào, 愿意 yuànyi’는 [～하고 싶다]라는 의미로서 기원, 희망을 나타낼 때 사용한다.

① ‘要 yào’는 [～하고 싶다]라는 의미로 사용된다.

我 要(想) 吃 饭。
Wǒ yào(xiǎng) chī fàn.
나는 밥먹고 싶습니다.

我 想 去 中 国。
Wǒ xiǎng qù zhōng guó.
저는 중국에 가고 싶습니다. ※의도로 나타낸다

부정을 나타낼 때

　'不要 búyào'는 [～하지 않겠다]의 뜻이지만 '不想 búxiǎng'은 [～싶지않다, 생각하지 않다]의 뜻으로 쓰이기에 부정으로 사용시 유의해야 한다.

　　예 你 要 (想) 吃 饭 吗 ?
　　　　Nǐ yào (xiǎng) chī fàn ma?
　　　　당신께서 진지 드시겠어요?

　→ (×) 不 要 吃 饭 。　　　　　　→ (○) 不 想 吃 饭。
　　　　Bú yào chī fàn.　　　　　　　　　Bù xiǎng chī fàn.
　　　　(밥을 먹지 말아요)의 뜻으로 된다.　　먹고 싶지 않아요.

② '愿意 yuànyi'는 [～하고 싶다.]는 의미로 사용되고 있다. 반복 의문문을 사용하는 경우에 긍정부분 제2음절이 흔히 생략된다.

　　我 愿 意 学 汉 语。
　　Wǒ yuàn yi xué hàn yǔ.
　　나는 중국어를 배우고 싶습니다.

　　你 愿 意 去 中 国 吗?
　　Nǐ yuàn yi qù zhōng guó ma?
　　중국에 가고 싶어 합니까?

　　你 愿 (意) 不 愿 意 去 中 国?
　　Nǐ yuàn(yi) bú yuàn yi qù zhōng guó?
　　중국에 가고 싶습니까?

　　我 愿 意 学 英 语、 不 愿 意 学 中 文。
　　Wǒ yuàn yi xué yīng yǔ, bú yuàn yi xué zhōng wén.
　　영어는 배우기 좋아하지만(～싶지만) 중국어는 배우기 싫습니다.(～싶지 않습니다.)

　　你 愿 意 看 书 吗?
　　Nǐ yuàn yi kàn shū ma?
　　독서하기 좋아하세요?

　→ 愿 意。　　　　　　　→ 不 愿 意。
　　Yuàn yi　　　　　　　　　Bú yuàn yi
　　예(좋아합니다.)　　　　　아니오(좋아하지 않습니다.)

'愿意 yuànyi'는 보통 [~하고 싶다] [~원하다]의 뜻으로 쓰이지만 가끔 문맥에서 [좋아하다, 즐기다]의 뜻으로 쓰이기도 한다.

예 我 愿 意 吃 甜 的。　　　　我 愿 意 踢 球。
Wǒ yuàn yi chī tián de.　　　Wǒ yuàn yi tī qiú.
나는 단 것을 좋아합니다.　　　나는 공차기를 즐깁니다.

조동사

조 동 사	예 문	부정예문
能 néng ~할수있다	能 说 中 文。 Néngshuōzhōngwén 중국어를 말할 수 있다.	不 能 说 中 文。 Bú néng shuō zhōng wén 중국어로 말할 수 없다.
会 huì ~할수있다	会 写 字。 Huì xiě zì 글 쓸줄 안다.	不 会 写 字。 Bú huì xiě zì 글 쓸 줄 모른다.
可以 kěyǐ ~된다. 상관없다.	可 以 去。 Kě yǐ qù 가도 상관 없다.	
要 yào ~해야한다 ~필요가 있다	要 小 心。 Yào xiǎo xīn 주의해야 한다.	
应该 yīnggāi ~해야한다	应 该 改。 Yīng gāi gǎi 고쳐야 한다.	不 应 该 改。 Bù yīng gāi gǎi 고쳐서는 안된다.
应当 yīngdāng ~해야한다	应 当 做 好。 Yīng dāng zuò hǎo 응당 잘해야 한다.	不 应 当 做。 Bù yīng dāng zuò 하지 말아야 한다.
愿意 yuànyi ~하고싶다	愿 意 看 书。 Yuàn yi kàn shū 책잃기를 좋아한다.	不 愿 意 看 书。 Bú yuàn yi kàn shū 독서하고 싶지 않다.
得 děi ~해야한다	得 学 习。 Děi xué xi 배워야 한다.	

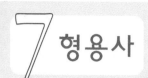

형용사의 특징 · 형용사의 중첩형 · 비유형 형용사 ·
형용사의 술어 용법 · 형용사의 보어 용법 · 형용사의 관형어
용법 · 술어로 쓸 수 없는 형용사 · 특수 형용사 '多'와 '少'

① 형용사(形容词 xíngróngcí)의 특징

중국어 형용사는 중첩형을 제외하고는 형태가 변하지 않는다.

② 형용사의 중첩형(重叠型 chóngdiéxíng)

형용사의 중첩은 형용사의 의미를 보다 선명하게 나타낸다.(때론 부사로 전환한다.)

1_ 형용사의 의미를 강조하는 중첩형

① 大 dà 크다. → 大大 dàdà 매우 크다.

大 手　　　〈비교〉　　　大 大 的 手。
dà shǒu　　　　　　　　　Dà dà de shǒu
큰 손　　　　　　　　　　매우 큰 손.

大 眼 睛　　〈비교〉　　　大 大 的 眼 睛。
dà yǎn jing　　　　　　　Dà dà de yǎn jing
큰 눈　　　　　　　　　　큼직한 눈(시원스런 눈).

② 厚 hòu 두툼하다.

厚 厚 的 衣 服。　　　　　厚 厚 的 雪。
Hòu hou de yī fu.　　　　　Hòu hou de xuě.
두툼한 옷.　　　　　　　　많이 쌓인 눈.

③ 干净 gānjìng 깨끗하다.

干 干 净 净。   擦 的 干 干 净 净。
Gān gān jìng jìng.   Cā de gān gan jìng jing.
아주 깨끗하다.   아주 깨끗이 닦았다.

④ 痛快 tòngkuài 통쾌하다.

痛 痛 快 快。   痛 痛 快 快 地 说。
Tòng tong kuài kuai.   Tòng tong kuài kuai de shūo.
매우 통쾌하다.   아주 시원스럽게 말하다.

⑤ 精细 jīngxì 정밀하다.

精 细 精 细。   手 工 精 细 精 细。
Jīng xì jīng xì.   Shǒu góng jīng xì jīng xì.
매우 정밀하다. (매우 정교하다.)   솜씨가 매우 정교하다.

2 _ 동사도 형용사도 되는 중첩형

① 欢喜 huān xǐ 기쁘다

동사 欢 喜 欢 喜。   **형용사** 欢 欢 喜 喜。
Huān xǐ huān xǐ.   Huān huan xǐ xi.
좀 기뻐하다.(좀 즐거워하다.)   몹시 기쁘다.(몹시 즐겁다.)

② 凉快 líang kuài 시원하다.

동사 凉 快 凉 快。   **형용사** 凉 凉 快 快。
Liáng kuài liáng kuài.   Liáng liang kuài kuai.
바람 좀 쐬다.   매우 시원하다.

③ 高兴 gāo xìng 기쁘다.

동사 高 兴 高 兴。   **형용사** 高 高 兴 兴。
Gāo xìng gāo xìng.   Gāo gao xìng xing.
좀 기뻐하다.   매우 기쁘다.

3 _ [어간 + 접사중첩] 형으로 된 형용사

热 乎 乎。   →   热 乎 乎 地 汤。
Rè hū hu.   Rè hū hu de tāng.
뜨뜻하다.   뜨끈뜨끈한 국.

喜 洋 洋。　　　→　　　家 家 户 户 喜 洋 洋。
Xǐ yáng yang.　　　　Jiā jia hù hu xǐ yáng yáng.
몹시 기쁘다.　　　　　집집마다 기쁨이 넘치다.

干 巴 巴。　　　→　　　瘦 得 干 巴 巴。
Gān bā ba.　　　　　Shòu de gān bā ba.
바싹 마르다.　　　　　바싹 마르다.

傻 呵 呵。　　　→　　　别 看 他 傻 呵 呵。
Shǎ hē he.　　　　　Bié kàn tā shǎ hē he.
어리숙하다.　　　　　어리숙하게 보지 마세요.

黑 油 油。　　　→　　　黑 油 油 地 头 发。
Heī yōu you.　　　　Heī yōu you de tóu fa.
검고 번지르르하다.　　검고 번지르르한 머리.

3 비유형 형용사(比喩型形容词)

2음절 형용사에서 첫음절은 두 번째 음절의 형용을 비유적으로 설명하는 것으로서 비유형 형용사(比喩型形容词 bǐ yù xíng xíng róng cí)라고 한다.

雪 白　→　雪 + 白
xué bái　　눈처럼 희다.

비유형 형용사

비유형 형용사		예　문		
火红	huǒ hóng. 불타는 듯 붉다.	火红的太阳。	Huǒ hóng de tài yāng.	불타는 듯한 태양.
冰凉	bīng liáng. 얼음처럼 차다.	冰凉的水。	Bīng liáng de shuǐ.	얼음처럼 찬 물.
滚热	gǔn rè. 끓는 물처럼 뜨겁다.	滚热的炕。	Gǔn rè de kàng.	절절 끓는 뜨끈한 방.
漆黑	qī heī. 먹물처럼 새까맣다.	漆黑的夜晚。	Qī heī de yè wǎn.	먹물처럼 새까만 밤
笔直	bǐ zhí. 붓대처럼 곧다.	笔直的竹竿。	Bǐ zhí de zhǐ gān.	붓대처럼 곧은 대나무 장대.

비유형 형용사 앞에 '很 hěn, 非常 fēi cháng, 特別 tè bié' 등의 정도를 나타내는 부사가 붙지 않는다.

예 (非常) 雪白。   (很) 冰凉。

    (Fēi cháng) xué bái.   (Hěn) bīng liáng.

④ 형용사의 술어 용법

중국어에서도 우리말에서처럼 형용사가 그대로 술어가 된다.

1 _ 상태형용사는 조사 '的 de'를 붙여 술어로 된다.

주어부분   술어부분

她 的 脸 红 红 的。   洞 里 漆 黑 的。

Tā de liǎn hóng hong de.   Dòng li qī heī de.

그녀의 얼굴은 발그스레 합니다.   굴 안은 깜깜합니다.

事 情 是 明 明 白 白 的。

Shì qing shì míng ming bái bai de.

일은 분명해 졌습니다.

2 _ 성질형용사는 정도부사 '很 hěn'을 붙여 술어로 자주 사용한다.

这 纸 很 白。   今 天 很 热。   教 室 很 干 净。

Zhè zhǐ hěn bái.   Jīn tiān hěn rè.   Jiào shì hěn gān jìng.

이 종이는 흽니다.   오늘은 덥습니다.   교실은 깨끗합니다.

번역에서

'很'은 [매우]라는 의미를 갖고 있지만, 한국어 변역에서 흔히 생략된다. 왜냐하면 성질 형용사는 사물의 성질만을 나타내기 때문에 다만 문법적 필요에서 정도부사 '很'을 사용할 뿐 그 의미를 가지지 않는다. 그러므로 문장에서는 '很'을 써도 번역에서는 생략한다.

3 _ 정도부사 '真 zhēn'有点儿 yǒu diǎr'은 '很'과 달리 단어 본래의 의미를 나타낸다.

孩 子 真 可 爱。
Hāi zi zhēn kě ài.
아이가 정말 귀엽습니다.

白 菜 有 点 儿 便 宜。
Bái cài yǒu   diǎr pián yi.
배추가 약간 쌉니다.

성질 형용사는 단독으로 씌어져도 [비교, 대조]의 기분이 들어 있다.

冬 天 冷。
Dōng tiān lěng.
겨울은 춥다.

夏 天 热。
Xià tiān rè.
여름은 덥다.

는 비교의 기분이 들어 있다. 그러나 '冬天冷.'과 '冬天很冷.'은 비교의 기분이 들어 있지 않다. 그것은 정도부사를 사용했을 뿐 비교가 안된다.

보기

상태형용사 + 的	성질형용사	'很'을 사용한
洞 里 漆 黑 的。 Dòng lǐ qī hēi de. 굴안은 깜깜하다. '的'로 하여 상태형용사에 대한 긍정적 인정의 기분을 더 해 준다.	今 天 热。 Jīn tiān rè. 오늘은 덥습니다.(하지만 어제는…) 비교의 기분을 나타낸다.	今 天 很 热。 Jīn tiān hěn rè. 오늘은 덥습니다. 다만 속성 '热'를 나타낸다.

4 _ 형용사를 부정하려면 그 앞에 '不 bù'를 붙인다.

我 很 高 兴。
Wǒ hěn gāo xìng.
저는 기쁩니다.

↔

我 不 高 兴。
Wǒ bù gāo xìng.
전 기쁘지 않습니다.

这 房 子 很 大。
Zhè fáng zi hěn dà.
이 집은 큽니다.

↔

这 房 子 不 大。
Zhè fáng zi bú dà.
이 집은 크지 않습니다.

|만약|
'不'와 '很'을 동시에 사용하면 두 가지 어순과 두 가지 의미를 갖는다.

不 很 好。　　〈비교〉　很 不 好。

Bù hěn hǎo.　　　　　　Hěn bù hǎo.

그다지 좋지 않다.　　　　아주 나쁘다.

他 很 不 诚 实。　〈비교〉　他 不 很 诚 实。

Tā hěn bù chéng shí.　　Tā bù hěn chéng shí.

그는 아주 진실하지 않다.　　그는 그다지 진실하지 않다.

알아두기

'很'과 '不'의 위치관계에 따라 부분 부정이 되기도 하고 완전 부정이 되기도 한다.

---

5 형용사의 부사어 용법

1 _ 동사를 수식하는 형용사

형용사 중의 일부는 직접 또는 '地 de'의 도움을 받아 동사를 수식한다. 즉 문장 안에서 부사어 状语(zhuàng yǔ)로 작용한다.

他 早 上 班 了。(단음절 형용사)　　痛 快 地 说 了。(2음절 형용사)

Tā zǎo shàng bān le.　　　　　　Tòng kuài de shūo le.

벌써 출근했습니다.　　　　　　　시원하게 말했습니다.

유의점

① 중첩형 형용사가 동사를 수식할 때 '地'의 사용유무에 규정이 없다.

轻 轻 (地) 放 下。　　　　　干 干 净 净 (地) 扫。

Qīng qing(de)fàng xia.　　　Gān gan jìng jing(de)sǎo.

가볍게 놓으세요.　　　　　　깨끗하게 쓸어요.

② [부사 + 형용사] 같은 형용사구가 동사를 수식할 때 '地'를 붙인다.

부사	형용사	동사

很 详 细 地 说 明。

Hěn xiáng xì de shūo míng.

매우 상세하게 설명합니다.

부사	형용사	동사

十 分 高 兴 地 结 束 了。

Shí fēn gāo xìng de jié shū le.

매우 기쁘게 끝냈습니다.

부사 형용사 동사

很 快 地 解 决。

Hěn kuài de jiě jué.

매우 빨리 해결합니다.

6 형용사의 보어 용법

중국어에서 형용사는 문장 안에서 보어로 쓰인다.

1_형용사가 동사 뒤에 붙어 결과 보어로 쓰이는 경우

동사 + 형용사

写 好 了 吗？

Xiě hǎo le ma?

다 쓰셨습니까?

吃 好 睡 好。

Chī hǎo shuì hǎo.

잘 먹고 잘 잡니다.

2_양태보어로 쓰이는 경우

동사 + 得 + 형용사

他 学 习 得 好。

Tā xué xí de hǎo.

그는 공부를 잘 합니다.

她 去 得 很 快。

Tā qù de hěn kuài.

그녀는 빨리 갑니다.

她 长 得 很 漂 亮。

Tā zhǎng de hěn piào liǎng.

그녀는 아름답게 생겼습니다.

3_가능보어로 쓰이는 경우

동사 + 得 + 형용사

学 得 好 汉 语 吗？

Xúe de hǎo hàn yǔ ma?

중국어를 잘 배울 수 있습니까?

写 不 好 汉 字。

Xiě bù hǎo hàn zǐ.

한자를 잘 쓸 수 없습니다.

1_형용사와 명사의 결합

[형용사 + 的 + 명사]의 형태문

형용사　　　명사
美丽 的 花。
Měi lì　de hùa.

[형용사 + 的 + 명사]의 형태문

우 리 말	중 국 어	
무더운 날	很热的天气。	hěn rè de tiān qì.
아름다운 처녀	美丽的姑娘。	měi lì de gū niáng.
중요한 일	重要的事。	zhòng yào de shì.
깊은 정	深厚的感情。	shēn hòu de gǎn qíng.
넓은 방	宽敞的屋子。	kuān chang de wū zi.
행복한 생활	幸福的生活。	xìng fu de shēng huó.
풍성한 요리	丰盛的菜。	fēng shèng de cài.
풍부한 경험	丰富的经验。	fēng fù de jīng yàn.
좋은 친구	好的朋友。	hǎo de péngyǒu.
붉은 태양	红的太阳。	hóng de tài yang.
좁은 길	窄的路。	zhǎi de lù.

2_[형용사 중첩형 + 的 + 명사]의 형태문

地地道道的汉城人。
Dì di dào dao de hàn chéng rén.
순수한 서울 사람입니다.

大大的眼睛。
Dà da de yǎn jing
큼직한 눈.

淡淡的芳香。
Dàn dan de fāng xiāng.
그윽한 향기.

3 _ [부사 + 형용사 + 的 + 명사]의 형태문

很 难 的 问 题。
Hěn nán de wèn tí.
어려운 문제입니다.

很 热 的 夏 天。
Hěn rè de xià tiān.
무더운 여름입니다.

很 热 闹 的 街 头。
Hěn rè nao de jiē tóu.
번화한 가두입니다.

⑧ 술어로 쓸 수 없는 형용사

명사와 형용사의 성질을 갖지만 어디에도 속하지 않는 비술어형용사(非谓语形容词 fēi wèi yǔ xíng róng cí)가 있다.

예 副 部 长。
Fù bù zhāng.
부부장

예에서 '副'는 형용사로서 명사 '部长'을 수식했지만 하나의 단어로 독립할 수 없어 어디에도 속할 수 없다.

상용 비술어 형용사

正	共同	公共	初级
zhèng	gòng tóng	gōng gòng	chū jí
곧다.	공동하다.	공공적이다.	초급이다.

⑨ 특수 형용사 '多'와 '少'

형용사 '多 duō'와 '少 shǎo'는 그대로 명사를 수식할 수 없다. 부사 '很 hěn', '不 bù'가 붙어야 명사를 수식 할 수 있다.

很 多 的 学 生。
Hěn duō de xué shēng.
많은 학생들.

不 少 问 题。
Bù shǎo wèn tí.
많은 문제.

不 少(的) 花。
Bù shǎo(de) huā.
적지 않은 꽃.

花 非 常 美 丽。
Huā feī cháng měi lì.
꽃은 매우 아름답습니다.

妈 妈 马 上 就 来 了。
Mā ma mǎshàng jiù huí lái.
어머님은 이제 곧 오실 겁니다.

위의 문장에서 부사 '非常' 아름다움의 정도를 나타냈고, '马上' '就'는 시간적 판단을 나타내며 문장을 화룡점정(画龙点睛 huà lóng diǎn jīng)이 이루어지게 했다.

부사의 종류

부사(副词)는 그 의미와 문장에서의 위치에 따라 분류한다.

1_ 의미와 위치에 따른 분류

종 류	부 사	
정도부사	非常 feī cháng 매우 / 比较 bǐ jiào 비교적 更 gèng 더욱 / 很 hěn 매우 / 还 hái 한층더 稍微 shāo weī 조금 / 特别 tè bié 특히 / 真 zhēn 정말로 / 极 jí 극히 / 太 tài 너무 相当 xiāng dāng 꽤 / 最 zuì 가장	동사, 형용사를 수식한다.
범위부사	都 dōu 전부 / 就 jiù 곧 / 只 zhǐ 단지 / 仅仅 jǐn jin ~만 / 另外 líng wài 그 밖에 / 全 quán 모두 / 完全 wán quán 완전히 / 一共 yí gòng 합쳐서 / 一起 yì qǐ 함께 / 一块 yí kuài 함께	'就'는 형용사 앞에서 수식한다.
시간부사	正在 zhèng zài 바로 / 就 jiù 곧 / 马上 mǎ shàng 즉 / 曾经 céngjīng 이미 / 从来 cóng lái 여태까지 / 快 kuài 곧 / 立刻 likè 바로 / 已经 yǐjīng 이미 / 刚 gāng 지금 막 / 好久 hǎo jiu 오랫동안 /	'就'는 동사 앞에서 많이 쓰인다.

	忽然 hū rán 갑자기 / 早就 zǎo jiù 벌써	
반복·빈도의 부사	又 yòu 또 / 再 zài 또 / 常常 cháng chang 늘 / 还 hái 또한 / 往往 wǎng wang 가끔 / 不断 bú duàn 부단히 / 也 yě ~도 역시	'又'는 과거의 상황에서 많이 쓰이고 '再'는 형재와 미래의 상황에서 많이 쓰인다.
심정을 나타내는 부사	反正 fǎn zheng 어차피 / 敢 gǎn 감히 / 却 què 그러나 / 究竟 jiū jìng 도대체 / 大概 dà gài 아마도 / 可能 kě néng 아마 / 肯定 kěn dìng 꼭 / 也许 yě xǔ 혹시 / 一定 yí dìng 반드시 / 恐怕 kǒng pà 아마 / 特意 tè yì 일부러 / 凑巧 còu qiǎo 때마침 / 顺便 shùn biàn 하는 김에 / 偏偏 piān pian 일부러	일부는 명사를 수식합니다.
양태부사	一直 yì zhí 줄곧 / 干脆 gān cuì 아예 / 匆匆 cōng cong 바쁘다 / 赶快 gǎnkuài 재빨리 / 互相 hù xiāng 서로 / 渐渐 jiàn jian 점점	흔히 동사를 수식한다.
부정부사	不 bù ~하지 않는다 / 没 méi ~하지 않았다 / 不要 bú yào ~하지 말라 / 不必 bú bì ~필요가 없다 / 别 bié ~하지 말라	'不'와 '没'를 한 문장 안에 함께 쓸 때 위치의 변화에 따라 그 의미가 달라진다.
상관관계 부사	便 biàn 바로, 즉시 / 还 hái 또한 / 也 yě 또 / 就 jiù 곧	'也'는 앞뒤관계를 연계하는 경우가 많다.
의문부사	多 duō 얼마나	

2 _ 특별한 부사 몇 개

① '差点儿 chà diǎnr 좀더 ~하면 ~할 뻔했었다'

差点儿 + 동사

他 <u>差 点 儿</u> 撞 死。
Tā chà diǎnr zhuàng sǐ.
그는 하마터면 치어 죽을 뻔하였습니다.

差点儿 + 没 + 동사

他 <u>差 点 儿</u> 没 撞 死。
Tā chà diǎnr méi zhuàng sǐ.
그는 하마터면 치어 죽을 뻔하였습니다.

유의점

'差点儿'을 사용하는 경우 '没'를 쓰나 않쓰나 전체 문장의 의미는 같다.

② '好不容易 hǎo bu róng yi'와 '好容易 hǎo róng yì'는 모두 [겨우, 가까스로]라는 의미이다.

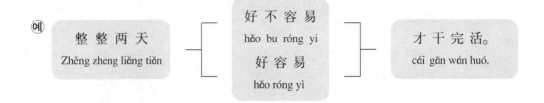

예 整整两天 Zhěng zheng liǎng tiǎn ── 好不容易 hǎo bu róng yi / 好容易 hǎo róng yì ── 才干完活。 cái gān wán huó.

옹근 이틀에야 겨우 일을 마쳤습니다.

<table>
</table>

유의점

'容易' 앞에 부사 '很'이 오는 경우 그 뜻은 '很容易 매우 쉽다.' 이고, 부사 '很不'가 오는 경우 그 뜻은 '很不容易 그리 쉽지 않다.' 이다.

예 这事儿 ┌ 很容易做。　　hěn róng yi zùo.　　쉽게 할 수 있습니다.
Zhè shìr └ 很不容易做。　　hěn bù róng yi zùo.　　하기가 그리 쉽지 않습니다.

2 자주 쓰는 부사들

중국어 부사는 그 쓰임이나 의미에 각각의 특징이 있다.

1_ '就 jiù'와 '才 cái'의 비교

'就'는 [벌써. 일찍]으로 쓰이고 '才'는 [겨우. 이제야]로 쓰인다.

他 五 点 就 来 了。
Tā wǔ diǎn jiù lái le.
그는 벌써 5시에 왔다.

他 五 点 才 来 了。
Tā wǔ diǎn cái lái le.
그는 5시에야 겨우 왔다.

2_ '不 bù'와 '没 méi'의 비교

'不'는 [아니다]라고 인정하는 부정부사이고, '没'는 [없다]라고 인정하는 부정부사이다.

他 不 来 了。
Tā bù lái le.
그는 않옵니다.

他 没 来 了。
Tā méi lái le
그는 않았습니다.

他 不 吃 饭。
Tā bu chī fàn.
그는 밥을 먹지 않습니다.

他 没 吃 饭。
Tā méi chī fàn.
그는 밥을 않 먹었습니다.

3 _ '又 yòu'와 '还 hái', '再 zài'의 비교

'又, 还, 再'는 반복된다는 [또]를 나타내는 뜻이지만 쓸 때는 각각 구별이 된다.

반복이 이미 실현되었을 때

他 又 问 了。
Tā yòu wèn tā.
그는 또 물었습니다.

의문의 뜻으로 쓰일 때

他 还 问?
Tā hái wèn?
그는 또 물어요?

아직 실현되지 않았을 때

他 再 问。
Tā zài wèn.
그는 다시 묻습니다.

 보기 '还'와 '再'

老师 还 要 再 读 一 边。
Lǎo shī hái yào zài dú yí biàn.
선생님은 또 다시 읽으라고 합니다.

위의 '还要再'에서 '还'와 '再'의 뜻 차이가 보입니다.

4 _ '都 dōu'는 그 앞에 있는 복수의 의미를 총괄하여 총정리하는 역할을 한다.

什 么 菜、 都 喜 欢。
Shén me cái, dōu xǐ huān.
무슨 요리든 다 좋아합니다.

都 八 点 了。
Dōu bā diǎn le.
벌써 8시입니다.

连 小 孩 都 知 道。
Lián xiǎo hái dōu zhī dào.
심지어 애들도 알고 있습니다.

위의 부사 '都'는 [모두, 벌써, 심지어] 등의 뜻으로 각각 쓰여졌다.

5 _ '已经 yǐ jīng' 과 '都 dōu' '曾经 céng jing' 의 비교

'已经' 은 [이미, 벌써]의 뜻으로 객관적인 사실을 말할때 쓰인다.

> ⑩ 门 **已经** 开 了。
> Mén yǐ jing kāi le.
> 문은 이미 열렸습니다.

'曾经' 은 [일찍이, 이전에]의 뜻으로 과거의 있었던 사실을 말할 때 쓰인다.

> ⑩ 我 **曾经** 跟 他 工 作 过。
> Wǒ céng jing gēn tā gōng zuò guò.
> 저는 이전에 그와 일해 본 적이 있습니다.

'都' 는 [심지어, 벌씨]의 뜻으로 주관적인 놀라는 기분을 나타낼 때 쓰인다.

> ⑩ **都** 出 去 了。
> Dōu chū qù le.
> 벌써 나갔습니다.

6 _ '刚 gāng' 과 '刚才 gāngcái' 의 비교

'刚' 은 [막. 바로]라는 `부사` 의 뜻으로 쓰인다.

> ⑩ 我 刚(刚) 回 家。
> Wǒ gāng(gang)huí jiā.
> 지금 막 집으로 돌아 온 참입니다.

'刚才' 는 [금방]이라는 `명사` 의 뜻으로 쓰인다.

> ⑩ 我 刚 才 来 过。
> Wǒ gāng cái lái guò.
> 방금 전 왔었습니다.

7 _ '比较 bǐ jiào' 와 '更 gēng' 의 비교

'比较' 는 [비교]이라는 부사 적으로 쓰이고 '更' 은 [더욱더]라는 부사로 쓰인다.

> 现 在 比 较 好 了。
> xiàn zài bǐ jiào hǎo le.
> 지금은 비교적 좋아 졌습니다.

> 现 在 更 好 了。
> Xiàn zài gēng hǎo le.
> 지금은 더욱더 좋아 졌습니다.

8 _ '有点儿 yǒu diǎnr'과 '一点儿 yì diǎnr'의 비교

'有点儿'은 [좀] 이라는 의미로 쓰이고 '一点儿'은 [조금]이라는 의미로 쓰인다.

有 点 儿 冷。(○)
yǒu diǎnr lěng
좀 춥습니다.

一 点 儿 冷。(×)

一 点 儿 也 不 冷。(○)
yī diǎnr   bú lěng
조금도 춥지 않다.

一 点 儿 冷。(×)

유의점

'一点儿'은 '有点儿'보다 더 적음을 나타내고 부정문에서도 쓰인다. '有点儿'은 부정문에서 쓰지 않는다.

9 _ '可 kě'와 '可能 kě néng'의 비교

'可'는 [정말. 절대로]의 부사로 쓰이고 '可能'은 [가능하다. 아마도]의 형용사 혹은 부사로 쓰인다.

可 不 好 做 了。
Kě bú hǎo zuò le.
정말 하기 나쁩니다.

可 别 吃 了。
Kě bié chī le
절대로 먹지 말아요.

유의점

'可'는 회화에서 많이 쓰인다.

可 能 性 大。
Kě néng xìng dà.
기능성이 크겠습니다.

可 能 没 来。
Kě néng méi lái.
아마 오지 않았을 겁니다.

1 조사의 종류(助词的种类 zhù cí de zhǒng lèi)

중국어 조사에는 ┬ 구조조사
　　　　　　├ 동태조사(시태조사) ┤ 3가지가 있다.
　　　　　　└ 어기조사

2 구조 조사(结构助词 jié gòu zhǔ cí)

구조조사는 2개 이상의 단어 및 구(句) 사이의 문법 관계를 표시한다. 그 조사에는 '的 de, 得 de, 地 de'가 있다.

1_ '的 de'는 [관형어를 구성하]는 것과 ['的' 자구를 구성]하는 두 가지가 있다.
(1) 관형어를 구성하는 '的'

① 명사구로 된 관형어 [명사 + 的]

这 是 我 的 自 行 车。　　小 金 的 书。
Zhè shì wǒ de zì xíng chē.　xiǎo jīn de shū.
이것은 저의 자전거입니다.　　김군의 책입니다.

② 형용사구로 된 관형어 [형용사 + 的]

很 漂 亮 的 衣 服。　　高 大 的 房 子。
Hěn piào liang de yī fu.　Gāo dà de fáng zi.
예쁜 옷입니다.　　　　　큰 집입니다.

③ 주술구로 된 관형어 [주술구 + 的]

他 买 来 的 书。
Tā mǎi lái de shū.
그가 사온 책입니다.

她 干 的 事。
Tā gān de shì.
그녀가 한 짓입니다.

④ 개사구로 된 관형어 [개사구 + 的]

关 于 语 法 的 问 题。
Guān yǔ yǔ fǎ de wèn tí.
문법에 관한 문제입니다.

把 他 的 行 李 拿 来。
Bǎ tā de xíng li ná lái.
그의 짐을 가져오시오.

⑤ 동목구로 된 관형어 [동사 목적어 + 的]

打 电 话 的 费 用。
Dǎ diàn huà de fèi yòng.
전화비입니다.

看 书 的 时 间。
Kàn shū de shí jiān.
책 읽는 시간입니다.

⑥ 의성어가 관형어로 [의성어 + 的]

叮 当 的 钟 声。
Dīng dāng de zhōng shēng.
땡 하는 종소리입니다.

(2) '的'자구를 구성하는 '的'

|문| 这 是 你 的 书 吗？
Zhè shì nǐ de shū ma?
이것은 당신의 책입니까?

|답| 不、不 是 我 的。
Bù, bú shì wǒ de.
아니오, 나의 것이 아닙니다.

위의 문답에서 '我的'는 '我的书'란 의미이다. 문장 안에서 수식 받는 명사와 동사, 형용사가 무엇인지 명확할 때는 '～的'가 전채를 대신할 수 있다.

① 명사 + 的

那 不 是 他 的。
Nà bú shì tā de.
그것은 그의 것이 아닙니다.

是 她 的。
Shì tā de.
그것은 그녀의 것입니다.

② 동사 + 的

昨 天 买 的。
Zúo tiān mǎi de.
어제 샀습니다.

是、我 做 的。
Shì, Wǒ zuò de.
네, 제가 만든 것입니다.

③ 형용사 + 的

有 没 有 更 好 的。
Yǒu méi yǒu gēng hǎo de?
더 좋은 것이 있습니까?

有 便 宜 的。
Yǒu pián yì de.
싼 것이 있습니다.

④ 주술구 + 的

这 是 自 己 做 的。
Zhè shì zì jǐ zuò de.
이것은 혼자 만든 것입니다.

这 衣 服 他 自 己 洗 的。
Zhè yī fu tā zì jǐ xǐ de.
이 옷은 그가 직접 씻었어요.

2 _ '地 de' 는 부사어를 구성한다.

여러 가지 단어나 구의 뒤에 '地'가 놓여 부사어를 구성해 동사나 형용사를 수식한다.

① 부사어 + 동사

　　부사어　　　　동사
他 非 常 热 情 地 帮 助 我。
Tā feī cháng rè qíng de bāng zhù wǒ.
그는 매우 친절하게 저를 도와 줍니다.

　　부사어　　동사
他 偷 偷 地 跑 了。
Tā tōu tou de pǎo le.
그는 몰래 달아났습니다.

② 부사어 + 형용사

　　부사어　　　형용사
真 相 大 白 地 好 呢。
Zhēn xiàng dà bái de hǎo ne.
진상이 밝혀져야 좋습니다.

　　부사어　　형용사
红 红 地 大 花。
Hóng hong de dà huā.
큼직한 붉은 꽃입니다.

3 _ '得'

'得'는 기능상 '地'나 '的'와는 다르다. '得'는 양태보어를 구성한다.

　　　양태보어
他 英 语 说 得 不 错。
Tā yīng yù shūo de bú cuò.
그는 영어를 괜찮게 합니다.

　　　양태보어
他 病 好 得 快。
Tā bìng hǎo de kuài.
그의 병 치료가 빠릅니다.

> 보기 '得'가 가능보어로 되는 경우
>
> 他 写 得 好 吗？
> Tā xiě de hǎo mɑ?
> 쓴 글이 괜찮습니까?

③ 동태 조사(动态助词 dòng tài zhù cí)

동사 뒤에 '了 le, 着 zhe, 过 guo'가 놓여 동작, 행위, 상태 등의 동태를 나타낸다.

1_[동사 + 了] 동작행위가 완성, 실현됨을 나타낸다.

① 과거에 [실현. 완성]됨을 나타내는 경우

上 星 期 这 书 看 了。
Shàng xīng qī zhè shū kàn le.
전번주에 이 책을 보았습니다.

看 了 一 场 球 赛。
Kàn le yì chǎng qíu sài
볼 시합을 보았습니다.

② 현재 시점에서 [완성. 실현]됨을 나타내는 경우

我 刚 刚 写 了。
Wǒ gāng gāng xiě le.
전 금방 썼습니다.

他 刚 吃 了 饭。
Tā gāng chī le fàn.
그는 이제 금방 밥 먹었습니다.

③ 미래에 [완성, 실현]됨을 나타내는 경우

明 天 干 完 了 再 去。
Míng tiān gān wán le zài qù.
내일 다 한 다음에 갑시다.

(1) 동태조사 '了'와 어기조사 '了'의 구별

동태조사	어기조사
●동사 바로 뒤에 붙는다. 吃 了 饭 去。 chī le fàn qù. 식사하러 가자	●언제나 문장 끝에 온다. 吃 饭 去 了。 chī fàn qù le. 식사하러 갔다.

(2) 동태조사 '了'와 어기조사 '了'의 공존

동태조사와 어기조사의 공존인 경우	동태조사가 생략되는 경우
我吃了饭了。 wǒ chī le fàn le. 식사를 했습니다. 我看了书了。 wǒ kàn le shū le. 책을 봤습니다.	我吃饭了。 wǒ chī fàn le. 식사를 했습니다. 我看书了。 wǒ kàn shū le. 책을 봤습니다.

알아두기

한 문장 안에서 동태조사 '了'와 이기조사 '了'가 공존했을 때나 동태조사 '了'가 생략되는 경우에도 그 뜻은 변함이 없다.

2 _ [동사 + 着]는 동작의 형태가 지속됨을 나타낸다. 동작의 지속형태는 동작 그 자체의 지속상태와 동작의 결과가 여전히 남아 있는 상태로 구별한다.

(1) 동작이 지속되고 있음을 나타내는 '着'의 경우

① 爸爸看着书呢。
Bà ba kàn zhè shū ne.
아버지는 책을 보고 있습니다.

② 他画着画呢。
Tā huà zhē huà ne.
그는 그림을 그리고 있습니다.

③ 她做着菜。
Tā zuò zhè cài.
그녀는 요리를 합니다.

(2) 동작의 결과가 여전히 남아 있는 '着'의 경우

① 大门开着呢。
Dà mén kāi zhè ne.
대문이 열려 있습니다.

② 桌子上还放着书呢。
Zhūo zǐ shàng hái fàng zhe shū ne.
책상 위에는 아직도 책이 놓여져 있습니다.

③ 他在沙发上坐着。
Tā zài shā fā shàng zuò zhe.
그는 소파에 앉아 있습니다.

보기

동작의 지속	동작결과의 지속
妈 妈 做 着 饭 呢。 Mā ma zuò zhe fàn ne. 어머님은 밥을 짓고 있습니다.	妈 妈 还 坐 着 呢。 Mā ma hái zuò zhe ne. 어머님은 아직도 앉은채로 입니다.

(3) [동사 + 着]를 '没'로 부정하는 경우.

爸 爸 看 着 书 呢。　　〈비교〉　　爸 爸 没 看 书。
　Bàba kàn zhe shū ne.　　　　　　Bà ba méi kàn shū.
아버지는 책을 보고 있습니다.　　　　아버지는 책을 않 봤습니다.

他 写 着 信 呢。　　　〈비교〉　　他 没 写 信。
Tā xiě zhe xìn ne.　　　　　　　Tā méi xiě xìn.
그는 편지를 쓰고 있습니다.　　　　그는 편지를 안썼습니다.

알아두기

　[동사 + 着]를 '没 / 不'로 부정하려면 동사의 지속 '着'를 빼버리고 '没 / 不'를 첨가하면 부정이 된다.

(4) 결과적 '着'를 부정하는 경우.

门 开 着 呢。　　　　〈비교〉　　门 没 开 着 呢。
Mén kāi zhe ne.　　　　　　　　Mén méi kāi zhe ne.
문이 열려져 있습니다.　　　　　　문이 열려져 있지 않습니다.

他 躺 着 呢。　　　　〈비교〉　　他 没 躺 着 呢。
Tā tǎng zhe ne.　　　　　　　　Tā méi tǎng zhe ne.
그는 누워 있습니다.　　　　　　　그는 누워있지 않습니다.

알아두기

　결과의 지속을 부정할 때는 [没 + 동사 + 着]형태로 하면 된다.

'着'를 쓸 수 없는 동사

판단·존재동사	是 shì	在 zài		
지속을 갖은 동사	怕 pà	像 xiàng	认识 rènshi	同意 tōngyi
계속할 수 없는 동사	结果 jiéguó	完 wǎn	去 qù	进 jìn
결과 보어를 동반할 때	打到 dǎdǎo	做好 zuòhǎo	买到 mǎidào	
조동사를 동반할 때	能说 néngshuō	会写 huìxiě	想买 xiángmǎi	

3 _ 동작의 과거를 나타내는 '过'

[동사 + 过]는 동작, 행위의 경험을 나타내는 [～한 적이 있다] 라는 의미를 갖는다.

(1) 동작, 행위의 경험을 나타내는 경우

他 来 过。
Tā lái guò.
그녀는 본적이 있습니다.

我 做 过 这 样 的 菜。
Wǒ zuò guò zhè yàng de cài.
이런 요리를 만든 적이 있습니다.

알아두기

동사 앞에 부사 '曾经 céng jīng. 옛날에, 이전에'가 붙어서 문법적 표현을 완전하게 한다.

曾经 + 동사 + 过

她 曾经 来 过。
Tā céng jīng lái guo.
그녀는 이전에 온 적이 있습니다.

我 曾经 做 过 这 样 的 菜。
Wǒ céng jīng zuò guò zhè yǎng de cài.
이번 요리는 이전에 만든 적이 있습니다.

(2) '过'를 부정하는 경우는 '没'를 붙입니다.

没(有) + 동사 + 过

她 没(有) 来 过。
Tā méi yǒu lái guò.
그녀는 온 적이 없습니다.

我 没(有) 做 过 这 样 的 菜。
Wǒ méi yǒu zuò guò zhè yǎng de cài.
이런 요리는 만든 적이 없습니다.

알아두기

부정에는 부사 '从来 cóng lái 여태까지'가 붙어 문법적 표현을 완전하게 한다.

从来 + 没(有) + 동사 + 过

她 从 来 没(有)来 过。
Tā cóng lái méi (yǒu) lái guò.
그녀는 여태까지 온 적이 없습니다.

我 从 来 没(有)做 过 这 样 的 菜。
Wǒ cóng lái méi(yǒu)zuò guò zhè yǎng de cài.
이런 요리는 여태까지 만든 적이 없습니다.

유의점

긍정 '过' 문형에는 동사 앞에 부사 '曾经'을 붙여 쓸 수 있고 부정 '过' 문형에는 부사 '从来'를 붙여 쓸 수 있다.

비교도표

	曾经 + 동사 + 过	从来 + 没(有) + 동사 + 过
긍정형	她 来 过。 她 曾 经 来 过。	
부정형		她 没(有)来 过。 她 从 来 没 有 来 过。

(3) ['过'를 의문하는 경우]

동사 + 过 + 吗

那 本 书 看 过 吗？
Nà běn shū kàn guo ma?
그 책을 본적이 있습니까?

没(有) + 동사 + 过 + 吗

那 本 书 没(有)看 过 吗？
Nà běn shū méi(yǒu) kàn guo ma?
그 책을 본적이 없어요?

동사 + 过 + 没 동사 + 过

那 本 书 看 过 没 看 过？
Nà běn shū kàn guò méi kàn guo?
그 책을 본적이 있어요 없어요?

(4) '过'의 종결형문

동사 + 过 + 了

花 开 过 了。
Huā kāi guò le.
꽃이 피었댔어요.

已经 + 동사 + 过 + 了

花 已 经 开 过 了。
Huā yǐ jīng kāi guò le.
꽃이 이미 피었댔습니다.

동사 + 过 + 没(有) + 동사 + 过	동사 + 过
花 开 过 没(有) 开 过?	花 开 过。
Huā kāi guò méi(yǒu) kāi guò?	Huā kāi guo.
꽃이 피었댔어요, 않피었댔어요?	꽃이 피었댔어요.

 ## 4 어기 조사(语气助词)

어기조사인 '了, 吗, 嘛, 的, 呢, 吧, 啊'는 문장 끝에 놓여 말하는 이의 심정, 태도 등 여러 가지 감정 빛깔을 보여준다.

他 来 了。
Tā lái le.
그는 왔습니다.

是 他 吗?
Shì tā ma?
저 사람이에요?

是 学 生 嘛?
Shì xué sheng ma?
학생이잖아?

会 来 的。
Huì lái de.
올 것입니다.

1 _ 물어보거나 질문하는 어기조사 '吗 ma'

你 好 吗?
Nǐ hǎo ma?
안녕하세요?

他 不 认 识 你 吗?
Tā bú rèn shì nǐ ma?
그는 당신을 모르십니까?

2 _ '了 le'

(1) 확인하는 기분을 나타낼 때

下 雨 了。
Xià yǔ le.
비가 옵니다.

他 家 有 电 脑 了。
Tā jiā yǒu diǎn nǎo le.
그의 집에 컴퓨터가 있습니다.

(2) [～변하다. ～발생하다.]를 나타낼 때

他 就 要 回 来 了。
Tā jiù yào húi lái le.
그가 곧 돌아 올 겁니다.

从 今 天 起 凉 快 了。
Cōng jīn tiān qí liáng kuai le.
오늘부터 시원해집니다.

(3) 재촉, 권고, 제지 등의 기분을 나타낼 때

別 看 电 视 了。
Bié kàn diàn shì le.
TV를 보지 마세요.

快 吃 饭 了。
Kuài chī fàn le.
밥 먹읍시다.

(4) 성질, 상태의 정도가 크다는 것을 강조할 때

太 好 了。
Tài hǎo le.
아주 좋습니다.

太 大 了。
Tài dà le.
너무 큽니다.

太 美 了。
Tài měi le.
매우 아름답습니다.

3 _ 嘛 ma

[당연하다. 임에 틀림없다]는 기분을 나타낼때

我 们 是 大 学 生 嘛!
Wǒ men shì dà xué sheng ma!
우리는 대학생이잖아!

应 该 早 来 嘛!
Yīng gāi zǎo lái ma!
응당 일찍 와야하죠!

公 共 财 物 嘛、 都 得 爱 护。
Gōng gòng cái wu ma, dōu děi ài hù.
공공재산이잖아, 모두가 아껴야 합니다.

4 _ 的 de

서술하는 내용을 [~입니다. 그렇지요]라는 긍정의 기분을 나타낸다.

是 的。
Shì de.
네.(그렇지요.)

好 的。
Hǎo de.
네.(좋습니다.)

你 的 病 会 好 的。
Nǐ de bìng huì hǎo de.
당신의 병은 좋아 질 겁니다.

不 忘 记 你 的。
Bú wàng jì nǐ de.
당신을 잊지 않을 겁니다.

他 一 定 回 来 的。
Tā yī dìng huì lái de.
그는 꼭 돌아옵니다.

我 们 是 同 意 你 的 意 见 的。
Wǒ men shì tōng yì nǐ de yì jiàn de.
우리는 당신의 의견에 찬성합니다.

5 _ 呢 ne

보통 의문문 끝에 붙어 질문에 대한 대답을 구하는 심정을 나타낸다.

① 의문문 끝에 붙어 질문의 대답을 구하는 경우

现在几点呢?
Xiàn zài jǐ diǎn ne?
지금 몇 시 에요?

这个字怎么念呢?
Zhè ge zì zěn me niàn ne?
이 글자를 어떻게 읽습니까?

去呢、还是不去呢?
Qù ne, hái shì bú qù ne?
가겠어요, 아니면 가지 않겠어요?

你去公园呢、还是去登山呢?
Nǐ qù gōng yuán ne, hái shì qù dēng shān ne?
당신은 공원이 아니면 등산하시겠어요?

② 평서문에서 동태조사나 부사와 함께 문장 끝에 붙어 쓰인다.

下着雨呢。
Xià zhe yǔ ne.
비가 내리고 있어요.

夜间可冷呢。
Yè jiān kě lěng ne.
밤에 정말 추워요.

街头可热闹呢。
Jiē tóu rè nao ne.
거리는 정말 즐거워요.

他还看书呢。
Tā hái kàn shū ne.
그는 아직도 책을 보고 있습니다.

6 _ 吧 ba

명령문에서나 의문문에서나 문장 끝에 붙어 부드러운 느낌을 준다.

① 명령문

快看!　　→　　**快看吧!**
Kuài kàn!　　　　Kuài kàn ba!
빨리 봐!　　　　빨리 보세요!

你去!　　→　　**你去吧!**
Nǐ qù!　　　　Nǐ qù ba!
가거라!　　　　가세요!

快睡!　　→　　**快睡吧!**
Kuài shuì!　　　　Kuài shuì ba!
빨리 자거라!　　　　빨리 주무세요!

② 의문문

新 朋 友 ?　　　→　　　新 朋 友 吧 ?
Xīn péng yǒu?　　　　　　Xīn péng yǒu ba?
새로 사귄 친구라고?　　　새로 사귄 친구예요?

他 要 走 ?　　　→　　　他 要 走 吧 ?
Tā yào zǒu?　　　　　　Tā yào zǒu ba?
그는 간다고?　　　　　　그는 간다고 하죠?

7_啊 a

① 말하고자 하는 내용을 선명하게 감동적으로 표현할 때

啊、真 好 !　　　→　　　真 好 啊 !
A,　zhēn hǎo!　　　　　Zhēn hǎo a!
아, 정말 좋구나!　　　　정말 좋구나!

啊、多 么 好 !　　　→　　　多 么 好 啊 !
A,　duō me hǎo!　　　　Duō me hǎo a!
아, 얼마나 큽니까!　　　얼마나 큽니까!

② 질문을 부드럽게 할 때

他 怎 么 没 来 ?　　→　　他 怎 么 没 来 啊 ?
Tā zěn me méi lái?　　　Tā zěn me méi lái a?
그는 어째서 오지 않았어?　그는 어째서 오지 않았어요?

还 少 ?　　　→　　　还 少 啊 ?
Hái shǎo?　　　　　Hái shǎo a?
아직도 적어?　　　아직도 적어요?

10 **개사** (전치사)　　개사의 구조와 역할 · 개사와 동사의 구별 · 개사의 종류 · '从'과 '离'의 용법

① 개사(介词 jiècí)의 구조와 역할

1 _ 개사(介词 jiècí)의 역할

문장 속에서 장소, 시간, 원인, 대상 등을 나타내는 상황어 역할을 한다. 또, 개사는 목적어와 함께 개사구를 만든다.

▶ 개사구조

　　개사　목적어
　　我 在 学校 学习。
　　Wǒ zài　xué xiào xué xi.
　　저는 학교에서 공부합니다.

　　　　　개사　목적어
　　　　我 跟 老师 走。
　　　　Wǒ hěn　lāo shī zǒu.
　　　　저는 선생님과 갑니다.

　　개사　목적어
　　他 从 汉城 回来。
　　Tā cóng hàn chéng húi lái
　　그는 서울에서 돌아왔습니다.

보통 개사는 목적어 앞에 즉 명사, 대명사 앞에 놓여 개사구를 만든다.

② 개사와 동사의 구별

개사의 대다수는 동사에서 분리되어 독립한 것이다. 때문에 같은 한자(汉字)가 문장안에서 동사의 기능도 할 수 있고 개사의 기능도 할 수 있다.

개사의 기능(장소)	동사의 기능(존재)
他 在 学 校 学 习。 Tā zài xué xiào xué xi. 그는 학교에서 공부합니다.	他 在 学 校。 Tā zài xué xiào. 그는 학교에 있습니다.
我 给 他 洗 衣 服。 Wǒ gěi tā xǐ yī fu. 나는 그를 위해 빨래를 했습니다.	我 给 他 洗 衣 粉。 Wǒ gěi tā xǐ yī fen. 나는 그에게 세제를 주었습니다.
我 家 离 车 站 很 近。 Wǒ jiā lí chē zhàn hěn jìn. 우리집은 역에서 가깝습니다.	从 来 没 离 过 家。 Cóng lái méi lí guò jiā. 여태까지 집을 떠난 적이 없습니다.
他 比 我 大 一 岁。 Tā bǐ wǒ dà yí shuì. 그는 나보다 한 살 위입니다.	在 那 儿 比 着 个 子。 Zài nǎr bǐ zhe gè zi. 거기에서 키재기를 하고 있습니다.
窗 户 朝 南 开。 Chuāng hu cháo nán kāi. 창문을 남쪽으로 열어요.	窗 户 朝 南。 Chuāng hu cháo nán. 창문은 남향입니다.

3 개사의 종류

개사(介词)의 종류에는 시간, 장소, 방향, 대상, 원인, 이유, 목적, 수단, 방식, 비교, 의문 등이 있다.

1 _ 시간을 나태내는 개사

① 시작시간 [从 cóng ～부터]

学 习 从 十 五 号 开 始。
Xué xi cóng wǔ hào kāi shǐ.
공부는 15일부터 시작합니다.

② 도달시간 [到 dào ～까지는]

先 到 什 么 地 方 去 呢?
Xiān dào shén me dì fāng qù ne?
먼저 어디로 갈까요?

③ 행해지는 시간 [在 zài ~에]

在 公 园 里 散 步。
Zài gōng yuán lǐ sàn bù.
공원에서 산책을 합니다.

④ 행해지는 시간 [当 dāng ~할 때]

每 当 我 回 来 的 时 候。
Měi dāng wǒ huí lái de shí hou.
내가 돌아 왔을 때마다.

⑤ 시간의 정도 [离 lí ~에서, 까지]

离 出 发 不 到 十 分 种 了。
Lí chū fā bú dào shí fēn zhōng le.
출발까지는 10분도 남지 않았습니다.

2 _ 대상을 나타내는 개사

① 대상 [跟 gēn ~와, ~로부터]

我 要 跟 他 一 起 去。
Wǒ yào gēn tā yí qí qù.
그와 함께 가자고 합니다.

② 상태 [和 hé ~와]

我 和 他 商 量。
Wǒ hé   tā shāng liáng.
그와 의논하겠습니다.

③ 대상 [对 duì ~를 향해, 대해, 있어]

我 对 他 很 感 兴 趣。
Wǒ duì tā hěn gǎn xìng qu.
나는 그에 대해 관심이 있습니다.

④ 주는 쪽 [给 gěi ~에게]

请 您 给 我。
Qǐng nǐ gěi wǒ.
저에게 주십시오.

⑤ 수익자 [替 tì ~를 위해, ~대신]

你 替 我 把 书 放 好。

Nǐ tì wǒ ba shū fàng hǎo.
저 대신 책을 정리해 주세요

⑥ 대상 [对于 duìyú ~에 대해, ~에 있어]

对 于 这 样 的 事 我 不 明 白。

Duì yú zhè yàng de shì wǒ bù míng bai.
전 이런 일에 있어서 잘 모릅니다.

⑦ 관계있는 사물 [关于 guānyú ~ 에 관해 ~에 대해]

关 于 经 济 问 题。

Guān yú jīng jì wèn tí.
경제에 관한 문제

3 _ 원인, 이유, 목적을 나타내는 개사

① 목적 [为 wèi ~을 위해]

为 朋 友 们 干 杯!

Wèi péng yǒu men gān bēi
친구들을 위하여 건배합시다!

② 원인, 이유 [由 yóu ~인하여, ~으로]

这 病 是 由 感 冒 引 起 的。

Zhè bìng shì yóu gǎn mào yǐn qǐ de.
이 병은 감기로 인한 것입니다.

③ 원인 [由于 yóuyú ~으로, ~인하여]

他 由 于 努 力 才 取 得 成 功 的。

Tā yóu yú nǔ lì cái qú de chéng gōng de.
그는 노력한 보람으로 성공한 것입니다.

4 _ 수단, 방식을 나타내는 개사

① 수단 [用 yòng ~로써]

请 用 铅 笔 写。

Qǐng yòng qiān bǐ xiě.
연필로써 쓰세요.

② 방식 [按照 ànzhào ~에 비추어]

按照 音 序 排 列。
àn zhào yīn xù pái liè.
발음순에 따라 배열합니다.

③ 방식 [通过 tōngguò ~에 의하여, ~을 거쳐서]

通 过 广 告 提 高 知 名 度。
Tōng guò guǎng gāo tí gāo zhī míng dù.
광고를 거쳐서 이미지를 높입니다.

5 _ 피동의 실행문을 나타내는 개사

① 피동 [被 bèi ~에 의해]

这 本 书 被 他 拿 走 了。
Zhè běn shū bèi tā ná zǒu le.
이 책은 그에 의해 가져갔습니다.

② 피동 [叫 jiào ~에 의하여, ~하게 되다.]

照 相 机 叫 弟 弟 弄 坏 了。
Zhào xiàng jī jiào dì di nòng huài le.
카메라는 동생이 망가뜨렸습니다.

③ 실행자 [让 ràng ~에, ~하에 하다]

照 相 机 让 哥 哥 拿 走。
Zhào xiàng jī ràng gē ge ná zǒu.
카메라는 형님이 가져가게 했습니다.

6 _ 비교의 개사

① 비교 [比 bǐ ~에 비하여, ~보다도]

生 活 比 以 前 好 多 了。
Shēng huó bǐ yǐ qiǎn hǎo dūo le.
생활이 이전보다도 훨씬 좋아졌습니다.

② 비교 [跟 gēn ~와 / 과]

我 跟 他 几 乎 一 样 高。
Wǒ gēn tā jī hū yí yàng gāo.
전 그와 거의 비슷합니다.

③ 관계, 비교 [和 hé ～와 / 과]

和 这 件 事 无 关。
Hé zhè jiàn shì wú guān.
이 사건과 관계없습니다.

7 _ 방향을 나타내는 개사

① 방향 [往 wǎng ～쪽으로, ～향해]

往 右 拐 就 到 了。
Wǎng yǒu guǎi jiù dào le.
오른 쪽으로 돌아가면 됩니다.

② 동작의 방향, 대상 [向 xiàng ～을 향해서]

向 大 家 告 别。
Xiàng dà jiā gào bié.
여러분께 작별 인사를 드립니다.

③ 행동의 방향, 대상 [朝 cháo ～을 향하여]

朝 西 走 就 到 了。
Cháo xī zǒu jiù dào le.
서쪽으로 향해 걸어가면 곧 도착합니다.

8 _ 제외되는 부분을 나타내는 개사

① 제외 [除 chú ～제외하고]

除 这 书 之 外 还 有。
Chú zhè shū zhī wài hái yǒu.
이 책을 제외하고 또 있습니다.

② 제외 [除了 chúle ～을 제외하고]

除 了 他 以 外 还 有 谁？
Chú le tā yǐ wài hái yǒu shéi?
그를 제외하고 누가 있지요?

'从'과 '离'의 용법

개사 중에서 '从 cóng'과 '离 lí'는 우리말에서 [~에서, ~부터~까지]등의 뜻으로 쓰여진다. 그 뜻 구별은 문장 속에서만 구별할 수 있다.

1_ '从 cóng'은 기점(起点 qídiǎn), 시간적 시작을 나타낸다.

你 从 哪 儿 来 ?
Nǐ cóng nǎr lái?
당신은 어디에서 오십니까?(기점)

学 习 从 什 么 时 候 开 始 ?
Xué xi cóng shén me shí hou kāi shǐ?
공부는 언제부터 시작합니까?(시작)

2_ '离 lí'는 두 지점 사이 거리의 기점(起点)을 나타낸다.(혹은 시간적 기점도)

你 的 家 离 这 儿 远 吗 ?
Nǐ de jiā lí zhèr yuǎn ma?
당신 댁은 여기에서 멉니까?(거리)

离 回 国 只 有 一 天 了 。
Lí húihúi zhǐ yǒu yī tiān le.
귀국까지 이제 하루가 남았습니다.(시간)

개사 일람표

개사종류	개 사
시간	从 cóng 到 dào 在 zài 当 dāng 离 lí
대상	跟 gēn 和 hé 对 duì 为 wèi 给 gěi 替 tì 对于 duìyú 关于 guānyú
방향	往 wǎng 向 xiàng 朝 cháo
이유, 원인, 목적	为 wèi 为了 wèile 由 yóu 由于 yóuyú
수단, 방식	用 yòng 按照 ànzhào 根据 gēnjū 通过 tōngguo
피동의 개사	被 bè 叫 jiào 让 ràng
비교	比 bǐ 跟 gēn 和 hé
제외됨을 나타내는 개사	除 chú 除了 chúle

연사
我 和 他 是 好 朋 友。
Wǒ hé tā shì hǎo péng you.
나와 그는 좋은 친구입니다. (병렬)

연사   연사
要 是 他 在 这 儿 那 可 就 好 了。
Yào shì tā zài zhèr ná kě jiù hǎo le.
만일 그가 여기에 있다면 좋을 텐데 (가정)

위의 문장에서 보다시피 단어나 구, 문장을 연결시키는 역할을 하는 단어를 연사(连词 lián cí) 라고 한다.

1 연사(접속사)의 종류

연사종류	연 사
병렬	和 hé 跟 gēn 同 tóng 与 yǔ 而 ér
연속	接着 jiēzhe 于是 yúshì 然而 ránér
부정을 나타내는 연사	不但 búdàn 而且 érqié
선택	还是 háishi 或者 huòzhě
원인 결과	因为 yīnwèi 所以 suǒyǐ 因此 yīncǐ 既然 jìrán
전환	虽然 suīrán 尽管 jǐnguǎn 但是 dànshì 可是 kěshì 不过 búguò
조건	只要 zhǐyào 只有 zhǐyǒu 除非 chúfēi 不管 bùguǎn
가정	要是 yàoshì 如果 rúguó 即使 jíshì 假如 jiǎrú 就是 jiùshì
취사선택	与其 yǔqí 宁可 nìngkě 宁肯 nìngkěn 宁愿 nìngyuàn
열거	例如 lìrú 比如 bǐrú 比方 bǐfang

② 연사의 이중성

1 _ '和 he'와 '跟 gēn'

접속사로 쓰이는 '和'

我 和 他 是 好 朋 友。
Wǒ hé tā shì hǎo péng you.
나와 그는 좋은 친구입니다.

개사로 쓰이는 '和'

我 要 和 他 一 起 去。
Wǒ yào hé tā yì qǐ qù.
저는 그와 함께 가려 합니다.

접속사로 쓰이는 '跟'

我 跟 老 师 到 北 京。
Wǒ gēn lǎo shī dào běi jīng.
나는 선생님과 북경에 갑니다.

개사로 쓰이는 '跟'

我 得 先 跟 老 师 商 量。
Wǒ děi xiān gēn lǎo shì shāng liang.
먼저 선생님과 상의해야 합니다.

③ 연사의 호응(呼应 hūyìng)

연사(접속사)는 전후로 호응하여 한 쌍으로 쓰이는 것이 다소 있다. 그러나 호응에도 몇 가지 유형이 있다.

1 _ 앞뒤로 다 써도 좋고 어느 하나만 써도 좋은 경우

虽然 suī rán	비록	……	但是 dàn shi 그러나
因为 yīn wèi	~이기 때문에	……	所以 suǒyǐ 그래서

2 _ 앞뒤로 둘 다 써도 좋고 뒤쪽 하나만 써도 좋은 경우

不但 bú dàn	~을 뿐만 아니라	……	而且	ér qiě	~을 뿐만 아니라
既然 jì rán	~라면	……	就	jiù	~이다.
即使 jì shǐ	설령	……	也	yě	하더라도 ~하다.
如果 rú guǒ	만약	……	就	jiù	하더라도 ~하다.

要是 yào shì	만일	……	就	jiù		~이다.
与其 yǔ qí	~ 하기보다는	……	不如	bùrú		~못하다.
只要 zhǐ yào	하면	……	就	jiù	곧	~하다.
还是 hái shì	혹은	……	还是	hái shì		~아니면
或者 huò zhě	이든지	……	或者	huozhe		~이든지
即 jí	~설령	……	也	yě		~하더라도
也 yě	역시	……	也			역시
又 yòu	또	……	又			또

3 _ 앞뒤로 둘 다 써야만 하는 연사

不管 bù guǎn	~을 막론하고	……	都	dōu		하다.
不是 bú shì	아니면	……	就是	jiù shì		~이다.
尽管 jǐn guǎn	비록 ~ 할지라도	……	还是	hái shì		역시
首先 shǒu xiān	우선	……	其次	qī cì		다음
一 yī	하자	……	就	jiù		곧 하자마자
一边 yì biān	(한편)	……	一边			~하면서 (한편)
一则 yī zě	~도 하고	……	二则	èr zé		~도 하고
越 yuè		……	越	yuè		~하면 할 수록

12 감탄사 · 감탄사와 그 예문

1 감탄사(感叹词 gǎntàncí)란?

중국어 감탄사도 한국어 감탄사처럼 응답, 부름, 감탄 등을 나타내는 것을 감탄사라고 한다.

유의점

중국어 감탄사의 성조는 말할 때의 상황과 말하는 사람의 기분, 감정에 따라 변화하므로 사전식 발음이 되어서는 안된다.

|상용감탄사|

啊 a	噢 o	哦 o	诶 e
嗬 he	呀 ya	哎 ai	
咳 hai	哟 yo	嗯 ng	
喂 wei	哎呀 aiya		

2 감탄사와 그 예문

① 啊 a

啊、祖国呀!
À,　zǔ guó ya!
아, 조국이여!

啊、妈妈回国啦?
Ǎ,　mā ma húi guó la?
아, 어머님께서 귀국했다고요?

② 噢 o

噢、是哥哥!
ō,　shì gē ge!
오, 형님이시군요!

③ 喂 Weǐ

喂、是小张吗?
Weǐ, shì xiǎo zhāng ma?
여보세요, 장군이에요?

④ 咳 Hài

咳、真 烦 人!

Hài zhēn fán rén!

아이, 정말 괴롭군.

⑤ 哦 ō

哦、他 来 了。

ō,　tā lái le.

아, 그이가 오시는군요.

⑥ 诶 e ei

诶、你 不 去 呀?　→　诶、就 去。

Eí,　nǐ bú qù ya?

어이, 않 갈 꺼야?

Eí,　jiù qù.

응, 곧 갈 꺼야.

⑦ 唉 Aì

唉、真 没 办 法!

Aì,　zhén méi bàn fa!

아이, 방법이 없군!

⑧ 嗬 Hè

嗬、真 了 不 起 呀!

Hè, zhēn liǎo bu qí ya!

허, 정말 대단하군!

⑨ 哟 yō

哟、这 么 好 啊!

yō,　zhè me hǎo a!

야, 이렇게 좋아요!

⑩ 嗯 ng

你 干 完 活 了 吗?　→　嗯、干 完 了。

Nǐ gān wán húo le ma?

당신은 일을 다 했습니까?

Ng,　gān wán le.

응, 다 했어요.

⑪ 哎呀 aiya

你 怎 么 了?　→　哎 呀、糟 了!

Nǐ zěn me le?

왜 그러세요?

Aīyā,　zāo le!

야, 큰일났습니다!

1 의성어(拟声词 nǐshéngcí)란?

의성어의 비교

	개 짓는 소리	물 흐르는 소리
한 국	멍멍	괄괄
중 국	汪汪 wāng wāng	哗啦 huā lā

사물이 내는 소리나 상태나 모양 등을 감각적으로 음성화하여 표현한 것을 중국어에서는 의성사(拟声词)라고 한다.

▶ 사람이 내는 소리

애취 啊嚏 ātì	두근두근 嘣嘣 bēngbēng
꿀꺽 咕嘟 gūdū	꼬르륵 咕噜 gūlū
앙앙 呱呱 guāguā	하하 哈哈 hāhā
드르릉 呼噜 hūlū	깔깔 叽叽嘎嘎 jījīgāgā

웅성웅성 叽叽喳喳 jījīzhāzhā

소곤소곤 / 재잘재잘 嘁嘁喳喳 qīqīchāchā

와자지껄 哇哩哇啦 wālìwālā

쿡쿡 / 시름시름 丝丝拉拉 sīsīlālā

히히 喜喜 xīxī

훌쩍훌쩍 哭哭啼啼 kūkūtítí

하하하 哈哈哈 hāhāhā

▶ 동물이 내는 소리

개구리 울음소리 (개굴개굴) 呱呱 guāguā

고양이 우는소리 (야옹야옹) 喵喵 miāomiāo

개 짖는 소리 (멍멍) 汪汪 wāngwāng

닭 우는 소리 (꼬끼오) 喔喔 wōwōwō

소 우는 소리 (음매) 哞哞 mōumōu

말이 울부짖는 소리 (히힝) 咴咴 huīhuī

▶ 기타 사물이 내는 소리

물건이 부딪히는 소리 (펑 −) 嘣嘣 bēngbēng

시냇물 소리/비소리 (졸졸, 보슬보슬) *潺潺* chánchán

미끄러지는 소리 (쭈르륵, 줄줄) 哧溜 chūliū

물방울 떨어지는 소리 / 기계소리 (똑똑, 뚝뚝) 滴答 dīdā

금속, 도자기 등을 두드릴 때 내는 소리 (쨍그렁, 딸랑) 丁当 dīngdāng

나무가 부러질 때 내는 소리 (딱 / 우지끈) 嘠巴 shābā

무거운 물건이 부딪히는 소리 (쿵 / 덜컹덜컹) 咕咚 gūdōng

물건의 마찰소리 (삐꺽삐꺽) 咯吱 gēzhī

폭발음이나 진동소리 (쿵 / 우르릉) 轰隆 hōnglōng

바람이 스치는 소리 (휘익 −) 呼噜 hūlū

새소리 (짹짹) 叽叽喳喳 jījīzhāzhā

탁구공 소리/ 폭죽 터지는 소리 (투악투악, 펑펑) 乒乓 pīngpāng

물에 떨어지는 소리 (첨벙, 풍덩) 扑通 pūtōng

물건이 부딪히는 소리 / 세찬 물소리 / 큰비 내리는 소리

(달그락, 짤그락, 좔좔) 唏哩哗啦 xīlihuālā

유의점

　소리나 상태나 모양 등을 음성화하여 표기하는 방법은 한국어와는 달리 중국어에서는 전혀 다르게 표기한다.

　예 우리말 [졸졸]을 중국어는 [*潺潺* chánchán]이라고 표기한다.

제 4 편

구(句)

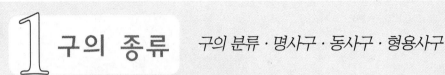

1 구의 종류 구의 분류 · 명사구 · 동사구 · 형용사구

 구의 분류(句的分类 jùdefēnlèi)

중국어에서 단어와 단어가 어떤 일정한 관계에 기초하여 묶여 하나의 품사를 이룬 것을 구 (句 ju, 短语 duǎnyǔ)라고 한다.

중국어에는 여러 가지 구가 있는데 무엇을 기준으로 하는가에 따라 분류방법도 여러 가지 가 있다. 우리는 이 장에서 아래와 같은 분류만 배우게 된다.

구의 분류 일람표

품사에 따른 분류	구조에 따른 분류	기타기준에 따른 분류
명사구(名词句)	주술구(主谓句)	개사구(介词句)
	동목구(动宾句)	수량구(数量句)
동사구(动词句)	수식구(偏正句)	방위구(方位句)
	보충구(补充句)	동격구(同位句)
형용사구(形容词句)	연합구(联合句)	고정구(固定句)
		'的' 자구('的' 字句)

2 명사구(名词句 míngcíjù)

명사를 중심으로 [수식성분 + 명사] 구조를 명사구라고 한다. 명사구는 문장 안에서 하나 의 명사에 상당하는 역할을 한다.

명사 + 명사

韩 国 风 光。

Hán guó fēng guāng.

한국의 경치

수식성분 + 명사

我 的 故 乡。

Wǒ de   gù xiāng.

나의 고향

수식성분 + 명

学 校 的 运 动 场。

Xué xiào de   yùn dòng chǎng.

학교의 운동장입니다.

₃ 동사구(动词句 dòngcíjù)

동사를 중심성분으로 한 구를 동사구라고 한다.

1_ 주술구(主谓句 zhǔ wèi jù)

주어 + 술어

老 师 病 了。

Lǎo shī bìng le.

선생님께서는 아프십니다.

2_ 동목구(动宾句 dòng bīn jù)

동사 + 목적어

听 音 乐。

Tīng yīn yuè.

음악을 듣습니다.

3_ 수식구(偏正句 pīan zhèng jù)

부사어 + 동사

非 常 坚 决 地 说 下 去。

Fēi cháng jiān jué de shuō xià qù.

단호하게 말하였습니다.

4 _ 보충구(补充句 fú cōng jù)

동사 + 보어

找 到 家。

Zhǎo dao jiā.

집을 찾았습니다.

5 _ 연합구(联合句 lián hé jù)

동사 + 동사

跑 回 去 了。

Pǎo húi qù le.

뛰어서 돌아갔습니다.

알아두기 ---

동사구는 문장 안에서 술어로 쓰이지만 그 외에 주어, 목적어, 부사어, 보어로도 쓰인다.

----

④ 형용사구(形容词句 xíngróngcíjù)

형용사를 중심으로 한 구를 형용사구라고 한다.

1 _ 수식구(偏正句 pīan zhèng jù)

부사어 + 형용사

很 好 地 操 场。

Hěn hǎo de cāo chāng.

매우 좋은 운동장입니다.

2 _ 보충구(补充句 fú cōng jù)

형용사 + 보어

好 大 地 房 子。
Hǎo dà de fáng zi
매우 큰집입니다.

알아두기

형용사구는 문장 안에서 술어, 관형어, 부사어, 보어로 쓰인다.

1 주술구(主谓语 zhǔwèiyǔ)

[진술하다. 진술되다]의 관계에 기초해 결합된 구를 주술구라고 한다.

알아두기

주술구 기능 : 주어, 술어, 목적어, 관형어, 부사어, 보어로 쓰인다.

1 _ 주어로 쓰이는 경우

주어

她 病 了 怎 样 ?

Tā bìng le zěn yàng?

그녀가 아프다는데 어떠해요?

2 _ 술어로 쓰이는 경우

술어

妈 妈 身 体 很 好 。

Mā ma shēn tǐ hěn hǎo.

어머님께서는 건강하십니다.

3 _ 목적어로 쓰이는 경우

목적어

我 认 识 他 的 朋 友 。

Wǒ rèn shi tā de péng you.

전 그의 친구를 알고 있습니다.

4 _ 관형어로 쓰이는 경우

관형어

这 是 我 努 力 的 结 果。

Zhè shì wǒ nǔ lì de jié guǒ.

이것은 제가 노력한 결과입니다.

5 _ 부사어로 쓰이는 경우

부사어

他 很 快 地 做 完 这 件 事。

Tā hěn kuài de zuò wán zhè jiān shì.

그는 빨리 이 일을 끝냈습니다.

6 _ 보어로 쓰이는 경우

보어

他 饿 得 连 话 也 都 说 不 出 来 了。

Tā è de lián huà yě dōu shuō bu chū lái le.

그는 배가 고파서 말도 할 수 없었습니다.

② 동목구(动宾句 dòngbīnjù)

[지배하다. 지배되다]의 관계에 기초해 결합된 구를 동목구라 한다.

알아두기 ----------

동목구 기능 : 주어, 목적어, 관형어, 부사어, 보어로 쓰인다.

1 _ 주어로 쓰이는 경우

주어

学 汉 语 不 怎 么 难。

Xué hàn yǔ bù zěn me nan.

중국어 학습은 그리 어렵지 않습니다.

2 _ 목적어로 쓰이는 경우

목적어

他 爱 打 球 。

Tā ài dá qiǔ.

그는 공치기를 좋아합니다.

3 _ 관형어로 쓰이는 경우

관형어

坐 地 铁 的 人 比 以 前 少 了 。

Zuò dì tié de rén bǐ yǐ qián shǎo le.

지하철 이용객이 전보다 적어졌습니다.

유의점

동목구가 관형어로 쓰일 때는 '的'를 사용한다.(생략되는 경우도 있다.)

4 _ 부사어로 쓰이는 경우

부사어

她 笑 着 很 高 兴 地 说 了 。

Tā xiào zhe hěn gāo xìng de shūo le.

그녀는 웃으며 기쁘게 말하였다.

유의점

동목구가 부사어로 쓰일 때는 '地'를 쓴다.(생략되는 경우도 있다.)

5 _ 보어로 쓰이는 경우

보어

她 忙 得 都 忘 了 朋 友 。

Tā māng de dōu wàng le péng you.

그녀는 바빠서 친구도 잊었습니다.

동목구는 양태보어로만 쓰인다.

3 수식구(偏正句 piānzhèngjù)

[수식하다. 수식되다]의 관계에 기초해 결합된 구를 수식구라고 한다.

알아두기

수식구 기능 : 주어, 술어, 목적어, 관형어, 부사어, 보어로 쓰인다.

1 _ 주어로 쓰이는 경우

주어

我 的 家 在 北 京。

Wǒ de jiā zài běi jīng.

저의 집은 북경에 있습니다.

2 _ 술어로 쓰이는 경우

술어

我 是 韩 国 人。

Wǒ shì hǎn gúo rén.

저는 한국인입니다.

3 _ 목적어로 쓰이는 경우

목적어

我 觉 得 很 幸 福。

Wǒ jué de hěn xìng fu.

저는 행복하다고 생각합니다.

4 _ 관형어로 쓰이는 경우

관형어

这 种 颜色 的 衣 服 很 不 错。

Zhè zhǒng yán sè de yī fu hěn bú cuò.

이런 색상의 옷은 괜찮습니다.

유의점

명사성 수식구가 관형어로 쓰일 때 보통 '的' 가 붙는다.

5 _ 부사어로 쓰이는 경우

부사어

他 非 常 高 兴 地 回 去 了。

Tā fēi cháng gāo xìng de huí qù le.

그는 매우 기쁘게 돌아갔습니다.

유의점

수식구가 부사어로 쓰일 때 보통 '地' 가 사용된다.

6 _ 보어로 쓰이는 경우

보어

妈 妈 唱 得 很 不 错。

Mā ma chàng de hěn bú cuò.

어머님은 괜찮게 노래를 부릅니다.

④ 보충구(补充句 bǔ chōng jù)

　[보충하다. 보충되다]라는 관계에 기초해 결합된 구를 보충구라 한다. 보충구 구조에 따라 동사구와 형용사구가 있다.

동사구	抓 到。	掉 下 来。	跳 得 高。	
	Zhuā dào.	Diào xià lái.	Tiào de gāo.	
	붙잡다.	떨어지다.	높이뛰다.	

형용사구	美 极 了。	快 得 很。	慢 点 儿。	小 小 的。
	Méi jí le.	Kuài de hěn.	Màn diǎnr.	Xiǎo xiǎo de.
	너무 예쁘다.	매우 빠르다.	좀 천천히	극히 적은 것

1 _ 동사성 보충구

동사성 보충구가 될 수 있는 것은?

동사, 형용사, 수량구, 동목구, 수식구, 보충구, 서술구, 보충성분이 된다.

① 부분이 보충성분이 되는 경우

동사	看 完。	형용사	说 清 楚。
	Kàn wán.		Shuō qīng chu.
	다 보았습니다.		똑똑하게 말합니다.

동사구	玩 儿 一 次。	동목구	画 得 很 有 水 平。
	Wár yī cì.		Huà de hěn yǒu shuǐ píng.
	한번 놉니다.		그림을 수준 있게 그렸습니다.

수식구	穿 得 很 合 身。	보충구	唱 得 好 听 极 了。
	Chuān de hěn hé shēn.		Chàng de hǎo tīng jí le.
	입은 것이 몸에 꼭 맞습니다.		노래가 매우 듣기 좋다.

주술구	饿 得 肚 子 疼。
	È de dù zi téng.
	배고파서 배가 다 아픕니다.

2 _ 형용사성 보충구

형용사성 보충구에는 '极了 jíle' '多了 duōle' '得很 dehěn' '得多 deduō' 등과 수량구가 보충성분이 된다.

极了	饿 极 了。	多了	慢 多 了。
	è jí le.		màn duō le.
	배가 매우 고프다.		너무 늦다.

得很	小 得 很。
	xiǎo de hěn.
	너무 작다.

得多	比 我 好 得 多。	比 它 贵 得 多。
	bǐ wǒ hǎo de duō.	Bǐ tā guì de dūo.
	나보다 훨씬 좋다.	그것보다 훨씬 비싸다.

3 _ 보충구의 기능

보충구는 보통 문장 안에서 술어, 관형어, 보어로 쓰인다.

① 술어로 쓰이는 경우

술어

他 买 了 一 套 新 衣。

Tā mǎi le yī tào xīn yī

그는 새 옷 한 벌을 샀다.

② 관형어로 쓰이는 경우

관형어

这 里 有 新鲜的 菜。

Zhè li yǒu xīn xiān de cài.

여기에 신선한 야채가 있습니다.

③ 보어로 쓰이는 경우

보어

我 一 直 干 不 着 活。

Wǒ yī zhí gàn bu zháo huǒ.

저는 내내 일을 할 수 없었습니다.

---

5 연합구(联合句 liánhéjù)

같은 유형의 단어가 병렬관계에 기초해 결합된 구를 연합구라고 한다. 연합구에는 3개의 구가 있다.

- 명사구 : 我和他 wǒ hé tā 나와 그
- 동사구 : 吃饭 chī fàn 밥을 먹었다.
- 형용사구 : 美丽 měi lì 아름답다.

연합구 기능 : 연합구는 문장안에서 주어, 술어, 목적어, 관형어, 보어로 쓰인다.

----

① 주어로 쓰이는 경우

　　　　주어
我 和 他 是 学 生。
Wǒ hé tā shì xué sheng.
나와 그는 학생입니다.

② 술어로 쓰이는 경우

　　　　　　술어
学 生 们 学 习 **真 认 真 刻 苦**。
Xué shēng men xué xi zhēn rèn zhēn kě kǔ.
학생들은 공부를 정말 애써서 착실하게 합니다.

③ 목적어로 쓰이는 경우

　　　　목적어
他 精 通 **韩 国 历 史**。
Tā jīng tōng hǎn guó lì shǐ.
그는 한국역사를 정통하였습니다.

④ 관형어로 쓰이는 경우

　　　　　관형어
聚 会 充 满 了 **亲 切 友 好 的** 气 氛。
Jù huì chōng mǎn le qīn qiè yǒu hǎo de qì fēn
파티는 친절하고 우호적인 분위기가 가득하였습니다.

⑤ 보어로 쓰이는 경우

　　　　　관형어
菜 做 得 **又 好 看 又 好 吃**。
Cài zuò de yòu hǎo kàn yòu hǎo chī.
만든 요리는 보기도 좋고 맛도 있었습니다.

유의점 --

연합구는 양태보어로만 쓰인다.

----

3 기타구 개사구·수량구·방위구·동격구· '的' 자구

① 개사구(介词句 jiècíjù)

개사는 뒤에 오는 명사, 대명사 등과 함께 개사구를 형성한다. 개사뒤의 명사성분은 목적어가 되고 문장 안에서는 부사어로 되어 뒤의 동사, 형용사를 수식한다.

1 _ 개사구의 위치

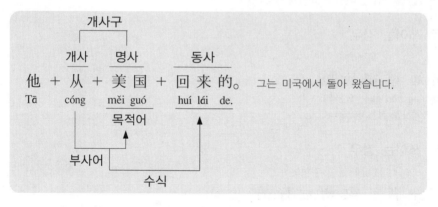

```
        ┌─── 개사구 ───┐
      개사      명사        동사
  他 + 从 + 美国 + 回来 的。    그는 미국에서 돌아 왔습니다.
  Tā   cóng  měi guó   huí lái  de.
              └ 목적어 ┘
        └ 부사어 ─────┘
              └─── 수식 ───┘
```

```
  ┌ 개사구 ┐   ┌ 동사 ┐
∴ │ 부사어 │ + │ 술어 │
  └────────┘   └──────┘
```

　　　개사구　　　동사술어
　我 在北京 过日子。
　Wǒ zài běi jīng guò rì zi.
　저는 북경에서 살고 있습니다.

2 _ 기타 개사구의 위치

① 문장 맨 앞에 놓이는 개사구

개사구
对 于 他 我 没 意 见。
Duì yú tā wǒ méi yì jiàn.
그에 대하여 저는 의견이 없습니다.

개사구
关 于 这 事 我 以 后 在 想。
Guān yú zhè shì wǒ yǐ hòu zài xiǎng.
이일에 대해서 후에 다시 생각해 보겠습니다

개사구
按 照 实 际 情 况 自 己 处 理。
àn zhào shí jì qíng kuàng zí jǐ chǔ lǐ.
실제 상황에 따라서 스스로 처리하세요.

② 술어 뒤에 놓이는 개사구

술어 개사구
他 **来** **于 汉 城**。
Tā lái yú hàn chéng.
그는 서울에서 왔습니다.

> **유의점**
>
> 개사는 동사술어에 바로 붙어서 개사구를 만든다. 특히 '于 yú, 自 zi, 往 wǎng, 向 xiàng, 在 zài, 到 dào' 등의 개사가 그러하다.

---

① 我 生 于 北 京。
Wǒ sheng yú běi jīng.
저는 북경에서 태어났습니다.

② 留 学 生 来 自 世 界 各 地。
Líu xúe sheng lái zì shì jìe gè dì.
유학생은 세계각지에서 왔습니다.

③ 这 列 地 铁 开 往 江 南。
Zhè lie dì tié kāi wǎng jiāng nán.
이번 전철은 강남행입니다.

④ 他 奔 向 前 方。
Tā bēn xiàng qián fāng.
그는 앞으로 돌진합니다.

⑤ 他 住 在 汉 城。
Tā zhù zài hàn chéng.
그는 서울에서 살고 있습니다.

⑥ 他 刚 来 到 汉 城。
Tā gāng lái   hàn chéng.
그는 방금 서울에 왔습니다.

Z 수량구(数量句 shùliàngjù)

수량구란 수사와 양가가 결합한 구(句)를 말한다.

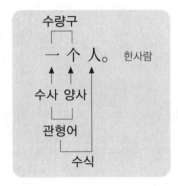

① 관형어로 되어 뒤의 명사를 수식한다.

관형어
一 张 纸。
Yī zhāng zhǐ.
한 장의 종이

관형어
两 台 电 视 机。
Liǎng tái diàn shì jī.
두 대의 텔레비전

유의점

수량구 뒤에 '的'을 쓰지 않는다.

② 일부 수량구는 부사어로 되어 뒤의 술어를 수식한다.

관형어
他 两遍 写 完。
Tā liǎng biàn xiě wán.
그는 두 번 다 썼습니다.

관형어
他 五次 出 国。
Tā wǔ cì chū gúo.
그는 다섯 차례나 출국했습니다.

③ 수량구는 동사의 목적어로도 쓰인다.

목적어
我 想 买 笔记本。   →   要 几本 ?
Wǒ xiǎng mǎi   bǐjìběn.   Yào jǐ běn
나는 공책을 사려합니다.   몇 권이 필요합니까?

④ 일부 수량구는 술어로 쓰인다.

술어   술어
大 鱼 是 二斤、小 鱼 是 一斤半。
Dà yú shì èr jīn,   xiǎo yú shì   yī jīn bàn.
큰 고기는 2근이고, 작은 고기는 한 근 반입니다.

⑤ 일부 수량구는 동사, 형용사 뒤에 놓여 수량보어로 쓰인다.

수량보어   목적어
妈 妈 去 过 两次。   今 天 比 昨 天 热 一些。
Mā mā qù guo liǎng cì.   Jīn tiān bǐ zuò tiān rè   yī xiē.
어머니는 두 번 간적이 있습니다.   오늘은 어제보다 좀 덥습니다.

⑥ 일부 수량구의 중첩형은 관형어나 부사어로 쓰이다.

부사어   부사어
要 一个一个地 检查。   一陈陈 笑 声。
Yào yī ge yī ge de jiǎn chá.   Yī chèn chèn xiǎo sheng.
하나하나 검사해야 합니다.   한바탕씩 웃음소리

목적어
一口口 吃 苹果。
Yī kǒu kou chī píng guǒ.
한입 한입 사과를 먹습니다.

방위구(方位句 fāngwèijù)

명사 뒤에 '上 shang, 里 li, 前面 qián mian, 旁边 páng biān, 里头 lǐ tou' 등 방위사가 붙어 방위구를 형성한다.

① 명사뒤에 단순방위사가 붙는 경우

방위구
명사 　　방위사
箱　子　　里(外)。
Xiāngzi　li(wài) 상자 안(밖)

　　　　방위구
床　上(下)。
Chuáng shàng(xià)
침대 위(아래).

　　　　방위구
山　顶(下)。
Shān dǐng(xià)
산꼭대기(아래).

② 명사뒤에 복합 방위사가 붙는 경우

　　　　복합방위사
火 车 站　前 面(后 面)。
Huǒ chē zhàn qián miǎn (hòu miǎn)
기차역 앞(뒤).

　　　　복합방위사
火 车 站　旁 边(右 边、左 边)。
Huǒ chē zhàn páng biān(yoù biān, zǒu biān)
기차역 옆(오른쪽, 왼쪽).

　　　복합방위사
商 场　里 头。
Shāng chǎng lǐ toú.
시장 안에.

명사와 방위사 사이에 '的'을 넣을 수 있다.(명사 + 的 + 방위사)

▶ 방위구 기능 : 문장 안에서 주어, 목적어, 관형어가 된다.

4 동격구(同位句 tóngwèijù)

'学生金明 xué sheng jīn míng 학생김명' '经理陈荣 jīng lǐ chén róng 사장 진영' 등과 같이 두 개의 명사가 대등하게 배열되어 서로 설명하는 것을 동격구(同位句)라고 한다.

我 们 俩。
Wǒ men liǎ.
우리 둘

故 乡 釜 山。
Gù xiāng fǔ shān
고향부산

명사뒤 복수를 나타내는 명사(他们)가 붙어서 하나의 동격구가 된다.

学 生 他 们。
Xué sheng tā men.
학생들

※만약 [학생그들]로 번역하면 어색하다.

哥 哥 他 们。
Gē ge tā men.
형님들

동격구의 명사 사이에 '的'을 넣어 쓰게 되면 안된다. 만약 '的'을 넣어 쓰면 그 의미가 변한다.

我 们 学 生。　　→　　我 们 的 学 生。
Wǒ men xuésheng.　　　　Wǒ men de xué sheng.
우리 학생.　　　　　　　　우리의 학생.
　　　　　　　　　　　　　↳ 학생이 아닐 수 있습니다.

处 长 他 们。　　→　　处 长 的 他 们。
Chù zháng tā men.　　　　Chù zháng de tā men.
부장들.　　　　　　　　　부장네 그룹(부장들 이외의 인원도 포함).

5 고정구(固定句 gùdìngjù)

고정구란 중국어에서 고유명사구, 관용구, 성어 등을 말한다.

알아두기

고정구의 기능 : 문장안에서 주어, 술어, 목적어, 관용어, 부사어로 쓰인다.

(1) 고유명사구(固有名词句 gùyǒumíngcíjù)

中 华 人 民 共 和 国。(中国)
Zhōng huá rén mín gōng hé guó.
중화인민공화국(중국).

中 国 银 行。　　　　　　天 安 门。
Zhōng guó yín háng.　　　Tiān ān men.
중국은행.　　　　　　　　천안문.

上 海。　　　　　　　　长 江。
Shàng hǎi.　　　　　　　 Cháng jiāng.
상해.　　　　　　　　　　장강.

(2) 관용구(惯用句 guàn yòng jù)

你 一 言、我 一 语。　　　心 直 口 快。
Nǐ yī yán, wǒ yī yǔ.　　　 Xīn zhēn kōu kuài.
너 한마디 나 한마디.(모두들 말하다.)　솔직하고 직설적이다.(직설적이다.)

千 变 万 化。
Qiān biàn wàn huà.
끝없는 변화.

(3) 성어(成语 chéngyǔ)

随 机 应 变。
Suì jī yīng biàn.
임기응변.

片 言 只 语。
Piàn yán zhǐ yǔ.
일언반구.

铁 杵 磨 成 针。
Tiě chǔ mó chéng zhēn.
쇠방망이로 바늘을 만든다.

유의점

고정구를 ─ ① 관형어로 쓸 때는 '的'을 붙이고
            ② 부사어로 쓸 때는 '地'를 붙인다.
            ③ 양태보어로만 된다.(보어경우)

6 '的'자구(的子句 gùdìngjù)

'的' 자구란 여러 가지 단어나 구(句)뒤에 '的' 자가 붙어서 하나의 명사와 같은 역할을 하는 것' 을 말한다.

알아두기

'的' 자구 기능 : 문장 안에서 주어나 목적어로 쓰인다.

(1) '的' 자구가 주어로 되는 경우

주어
我的 公 司 在 西 郊。
Wǒ de gōng sī zài xī jiāo.
저의 회사는 서쪽 교외에 있습니다.

(2) '的' 자구가 목적어로 되는 경우

목적어

他 喜 欢 读 书 的。

Tā xǐ huàn dú shū de.

그는 독서를 좋아합니다.

제 5 편

문장성분

1 주어 문장성분이란? · 주어란?

❶ 문장성분(句子成分 jùzi chéngfèn) 이란?

1 ‒ 문장성분이란 문장을 구성하는 성분을 말한다.

2 ‒ 문장성분을 구성하는 성분

주어(主语 zhǔyǔ)　　　　　　술어(谓语 wèiyǔ)

목적어(宾语 bīnyǔ)　　　　　한정어(限定语 xiàndìngyǔ 관형어)

상황어(状语 zhuàngyǔ 부사어)

보어(补语 bǔyǔ)등 6종류가 있다.

3 ‒ 문장성분의 기본 순서

주어 + 술어 + 목적어

我 吃 了 馒 头。

Wǒ　chī le　mán tou.

전 찐빵을 먹었습니다.

> **보기**
>
> 　한정어, 상황어, 보어는 문장에서 나타내려는 내용에 따라 비교적 자유롭게 주어나 술어, 목적어에 붙여 쓰인다.
>
> 　중국어에서 한정어, 상황어는 수식어로 쓰이기에 흔히 명사, 동사, 형용사 앞에 놓이게 되며 보어는 문장 안에서 보충 설명하는 성분으로서 항상 동사나 형용사 뒤에 놓여 쓰인다.

한정어 | 주어 | 상황어 | 술어 | 보어 | 한정어 | 목적어

我 们 的 老 师 今 天 走 访 了 学 生 的 家。

Wǒ men de lǎo shī jīn tiān zǒu fǎng le xué sheng de jiā.

우리의 선생님은 오늘 학생들의 집을 방문했습니다.

수식 '我们的'는 '老师'를 '今天'은 '走'를 '学生的'는 '家'를 수식했다.

보충설명 '访'은 앞의 '走'를 보충설명 했다.

2 주어(主语 zhǔyǔ)란?

주어란 우리말과 마찬가지로 주체를 나타내는 단어나 구(句)를 말한다. 문장에서 말하지 않아도 알 수 있는 경우는 생략할 수 있다.

我 看 书 了。
Wǒ kàn shū le.
전 책을 보았습니다.

□ 看 书 了。 (주어가 생략되었음)
kàn shū le.
책을 보았습니다.

1_명사, 대명사, 동사, 형용사가 주어로 되는 경우

① 명사가 주어로 되는 경우

弟 弟 走 了。
Dì di zǒu le.
동생은 갔습니다.

② 대명사가 주어로 되는 경우

他 没(有)来。
Tā méi (yǒu) lái.
그는 오지 않았습니다.

③ 동사가 주어로 되는 경우

吃 是 吃、不 过 现 在 不 想 吃。
Chī shì chī, bú guo xiàn zài bù xiǎng chī.
먹기는 먹지만 지금은 먹고 싶지 않아요.

爬山 对 身 体 好。

Pá shān duì shēn tǐ hǎo.

등산은 몸에 좋습니다.

④ 형용사가 주어로 되는 경우

小 的 好 看。

Xiǎo de hǎo kàn.

작은 것이 보기가 좋습니다.

艰 苦 可 以 锻 炼 人。

Jiān kǔ kě yǐ duàn liàn rén.

고생은 사람을 단련시킵니다.

勤 俭 是 美 德。

Qín jiǎn shì měi dé.

근검은 미덕입니다.

⑤ 명사구가 주어로 되는 경우

学 校 前 面 有 小 河。

Xué xiào qián miàn yǒu xiǎo hé.

학교 앞에 실개천이 있습니다.

⑥ 형용사구가 주어로 되는 경우

长 一 点 儿 好 了。

Cháng yì diǎnr hǎo le.

좀 길었으면 좋았겠는데요.

⑦ 수량사가 주어로 되는 경우

一 公 斤 等 于 一 千 克。 (수량사인 경우)

Yì gōng jīn děng yǔ yì qiān kè.

1kg은 1000g입니다.

八 是 二 的 四 倍。 (수사인 경우)

Bā shì èr de sì bèi.

8은 2의 4배입니다.

① 술어란?

주어에 대해서 무언가를 서술하는 부분을 술어라고 한다. 중국어에서 보통, 동사와 동사구, 형용사와 형용사구, 명사와 명사구가 술어로 쓰인다.

1 _ 동사, 동사구가 술어로 쓰이는 경우

我 和 妈 妈 一 起 看。
Wǒ hé mā ma yì qǐ kàn.
전 어머님과 함께 보겠어요.

学 生 们 做 的 怎 么 样? (동사구)
Xué sheng men zuò de zén me yàng?
학생들 만든 것이 어떠합니까?

2 _ 형용사 및 형용사구가 술어로 되는 경우

今 天 很 暖 和。
Jīn tiān hěn nuǎn huo.
오늘은 따뜻합니다.

北 京 的 古 迹 很 多。 (형용사구)
Běi jīng de gǔ jì hěn duō.
북경의 고적은 매우 많습니다.

3 _ 주술구가 술어로 되는 경우

他 个 子 很 高。
Tā gè zi hěn gāo.
그의 키는 매우 큽니다.

中 国 的 长 江 很 长。
Zhōng guó de Cháng jiāng hěn cháng.
중국의 장강은 매우 길다.

4 _ 명사 및 명사구가 술어로 되는 경우

他 (是) 大 夫。
Tā (shì) dài fu.
그는 의사입니다.

我 (是) 韩 国 人。
Wǒ (shì) Hán guó rén.
전 한국인입니다.

姐 姐 二 十 八 岁。
Jiě jie èr shí bā suì.
누나는 28세입니다.

今 天 二 月 二 号。
Jīn tiān èr yuè èr hào.
오늘은 2월 2일입니다.

明 天(有)大 雨。
Míng tiān(yǒu)dà yǔ.
내일 큰비가 있습니다.

这 毛 衣 三 千 块 钱。
Zhè mǎo yī sān qiān kuài qián.
이 털옷은 3천원입니다.

보기

명사 및 명사구가 술어로 된 문장을 부정하려면 반드시 [不是 + 명사술어] 식으로 쓰면 된다.

今 天 不是 二 月 二 号。
Jīn tiān bú shì èr yuè èr hào.
오늘은 2월 2일이 아닙니다.

这 毛 衣 不是 三 千 块 钱。
Zhè mǎo yī bú shì sān qiān kuài qián.
이 털옷은 3천원이 아닙니다.

3 목적어

목적어의 범위 · 목적어로 쓰이는 것 ·
이중 목적어 · 주어나 술어 앞에 놓이는 목적어

---

① 목적어의 범위(宾语的范围 bīnyǔde fànwèi)

중국어에서 목적어는 동작이 미치는 대상을 말한다. 동작에 의해 생기는 결과, 동작이 진행되거나 도달하는 장소, 동작에 쓰이는 도구, 수단 등이 목적어에 속한다.

알아두기

한국어로는 […을 뿐만 아니라] […에] […으로]로 번역할 수 있다.

---

② 목적어로 쓰이는 것

1_명사가 목적어로 되는 경우

我 去 中国。
Wǒ qù Zhōng guó.
전 중국에 갑니다.(장소)

他 学 英语。
Tā xué yīng yǔ.
그는 영어를 배웁니다.(대상)

我 洗 冷水。
Wǒ xǐ lěng shuǐ.
전 냉수욕을 합니다.(도구, 수단)

我 等 两位朋友。
Wǒ děng liǎng wèi péng you.
전 두 친구 분을 기다립니다.(명사구)

我 要 三斤。
Wǒ yào sān jīn.
전 3근을 하겠어요.(수량구)

美丽的 城市 杭州。
Měi lì de chéng shì Háng zhōu.
아름다운 도시 항주.(동위구)

他 爱 吹 毛 求 疵。

Tā　ài chuī mǎo qiú cī.

그는 생트집잡기를 좋아합니다.(고정구)

2 _ 동사나 동사구가 목적어로 되는 경우

他 要 去。

Tā yào qù.

그는 가려 합니다.(동사)

他 喜 欢 走 走。

Tā　xǐ huan zǒu zou.

그는 걷기를 좋아합니다.(동사중첩형)

这 问 题 得 仔 细 地 研 究。

Zhè wèn tí děi zǐ xì de yán jiū.

이 문제는 세밀히 연구해야 합니다.(수식식 동사구)

他 主 张 加 以 改 革。

Tā zhǔ zhāng jiā　yǐ gǎi gé.

그는 더 개혁할 것을 주장합니다.(술목동사구)

我 同 意 写 信 去 安 慰 她。

Wǒ tóng yì　xiě xìn　qù　ān wèi tā.

편지를 써서 그를 위로하는 것을 찬성합니다.(연동식동사구)

我 提 议 送 他 去 北 京 学 习。

Wǒ tí　yì sòng tā　qù Běi jīng xué xí.

그를 북경에 공부하러 보낼 것을 제의합니다.(겸어식 동식구)

我 忘 了 今 天 是 你 生 日。

Wǒ wàng le　jīn tiān shì　nǐ shēng rì.

나는 오늘이 당신의 생일인 것을 잊었습니다.(주술식 동사구)

我 希 望 你 常 来 作 客。

Wǒ xī wàng nǐ cháng lái zuò kè.

당신께서 자주 놀러오실 것을 바랍니다.(주술식 동사구)

3 _ 형용사(구)가 목적어로 되는 경우

我 不 怕 冷。
Wǒ bú pà lěng.
전 추운 것은 괜찮습니다.(형용사)

你 应 该 和 和 气 气。
Nǐ yīng gāi hé he qì qi.
응당 온화해야 합니다.(중첩식 형용사구)

我 受 不 了 这 样 的 苦。
Wǒ shòu bu liǎo zhè yàng de kǔ.
전 이런 고통을 견딜 수 없습니다.(수식식 형용사구)

我 感 到 又 亲 切 又 快 活。
Wǒ gǎn dào yòu qīn qiè yòu kuài huó.
전 친절하면서도 활기 있음을 느꼈습니다.(연합식 형용사구)

我 等 待 他 平 静 下 去。
Wǒ děng dài tā píng jìng xià qù.
전 그가 진정하기를 기다립니다.(주술식 형용사구)

我 知 道 她 漂 亮、大 方。
Wǒ zhī dào tā piào liang, dà fang.
그녀가 예쁘고 대범함을 알고 있습니다.(주술식 형용사구)

3 이중 목적어(双宾语 shuāngbīnyǔ)

일부 동사는 직접 목적어와 간접 목적어를 동시에 가질 수 있다. 중국어에서 직접목적어는 보통 사물을 나타내고 간접목적어는 사람을 나타낸다.

　　　간접목적어　직접목적어
我 送 他 一 本 书。
Wǒ sòng tā yì běn shū.
난 그에게 책 한 권을 보내 주었습니다.

　　　　간접목적어　　　직접목적어
请 告 诉 他 明 天 晚 上 有 舞 会。
Qǐng gào sù tā míng tiān wǎn shàng wǔ huì.
그에게 내일 무도야회가 있다는 것을 알려주세요.

4 주어나 술어 앞에 놓이는 목적어

목적어는 보통 술어 뒤에 위치하고 있으나 강조, 대비 등을 나타낼 경우에는 주어 앞 또는 술어 앞에 놓일 수 있다.

① 주어 앞에 놓이는 목적어

<table>
<tr><td>목적어</td><td>주어</td></tr>
</table>

作业 我 都 做 完 了。
Zuò yè wǒ dōu zuò wán le.
숙제를 전 다 했습니다.

<table>
<tr><td>목적어</td><td>주어</td></tr>
</table>

那 衣 服 我 买 的。
Nà yī fu wǒ mǎi de.
그 옷은 제가 산 것입니다.

② 술어 앞에 놓이는 목적어

<table>
<tr><td>목적어</td><td>술어</td></tr>
</table>

作业 写 完 了 吗?
Zuò yè xi wán le ma?
숙제를 했어요?

<table>
<tr><td>목적어</td><td>술어</td></tr>
</table>

衣 服 买 的?
Yī fu mǎi de?
옷을 샀어요?

4 관형어 관형어·관형어와 '的'

1 관형어(定语 dìngyǔ)

관형어는 명사(구)를 수식하는 성분이다. 관형어는 문장 안에서 주어나 목적어를 수식한다.

관형어　명사
我 的 手 机。
Wǒ de shǒu jī
나의　핸드폰
주어　　목적어

유의점

관형어는 항상 수식을 받는 단어 앞에 놓인다.

① 명사 관형어

小 金 的 手 提 包。
Xiǎo jīn de shǒu ti bāo.
김군의 손가방입니다.

② 명사구 관형어

北 京 人 的 性 格。
Běi jīng rén de xìng gé.
북경인의 성격.

经 济 特 区 的 成 功。
Jīng jì tè qū de chéng gòng.
경제 특구의 성공.

③ 동사 및 동사구의 관형어

借 的 书。
Jiè de shū.
책을 빌리다.

改 不 掉 的 毛 病。
Gǎi bú diào de máo bìng.
고칠 수 없는 단점.

做 人 的 道 理。
Zuò rén de dào li.
사람의 도리.

④ 형용사(구)가 관형어로 되는 경우

美 丽 的 花。
Měi lì de huā.
아름다운 꽃.

小 小 的 地 方。
Xiǎo xiǎo de dì fang.
아주 작은 장소.

又 大 又 高 的 树。
Yòu dà yòu gāo de shù.
크고 높은 나무.

⑤ 주술구가 관형어로 되는 경우

规 模 最 大 的 集 团。
Guī mó zuì dà de jí tuán.
규모가 제일 큰 집단.

这 是 最 好 的 房 间。
Zhè shì zuì hǎo de fáng jiān.
이것은 제일 좋은 방이다.

⑥ 수량구가 관형어로 되는 경우

五 块 钱 的 苹 果。
Wǔ kuài qián de píngguǒ.
5천원 어치의 사과

多 少 钱 的 烤 鸭?
Duō shǎo qián de kǎoyā?
구운 오리가 얼마 어치입니까?

2 관형어와 '的'

관형어가 뒤의 성분을 수식할 때 보통 '的'를 사용한다. 그러나 일상 회화에서는 생략한다.

1 _ '的'를 생략하는 경우

① 명사 + 사람·사물의 성질을 나타내는 경우

我 (的) 妈 妈。
Wǒ (de) mā ma.
저의 어머님

木 头 (的) 房。
Mù tóu de fáng.
목조 가옥

韩 国 (的) 菜。
Hán guó (de) cài.
한국 요리

② 대명사 + 사람, 집단, 사물을 나타내는 경우

我们的老师。　　→　　我们老师。
Wǒ men de lǎo shī.
우리 선생님

多少的人。　　→　　多少人。
Duō shǎo de rén.
몇치에요?

③ 형용사인 경우

甜的梨。　　→　　甜梨。
Tiān de lí.
단 배

神圣(的)使命。　　→　　神圣使命。
Shén shèng(de)shǐ mìng.
성스러운 사명

④ 수량구인 경우

五辆的车。　　→　　五辆车。
Wǔ liàng de chē.
다섯 대의 차

三斤的苹果。　　→　　三斤苹果。
Sān jīn de píng guó.
세 근의 사과

2_ '的' 가 사용되는 경우

['的'를 사용하지 않는 경우] 이외는 모두 '的'를 사용한다.

① 명사, 대명사 경우

棉料的衬衫。　　　　他的妻子。
Mián liào de chènshān.　　Tā de qìzǐ.
면으로 된 셔츠.　　　　그의 아내.

② 형용사(2음절, 중첩형)인 경우

清 百 的 人。
Qīng bǎi de rén.
청백한 사람.

亮 亮 的 月 儿。
Liàng liàng de yèr.
밝은 달.

美 滋 滋 的 时 刻。
Měi zī zi de shí kè.
달콤한 시각.

③ 수사인 경우

‘二’ 的 读 法。
Èr de dú fǎ.
‘2’의 독법.

十 的 二 分 之 一。
Shí de èr fēn zhī yī.
10의 2분의 1.

④ 동사인 경우

种 的 种 子。
Zhòng de zhǒng zi.
심은 종자.

走 的 路。
Zǒu de lù.
걷는 길.

⑤ 주술구인 경우

妈 妈 给 我 的 衣 服。
Mā ma gěi wǒ de yī fu.
어머님이 나에게 준 옷.

老 师 教 的 课。
Lǎo shī jiào de kè.
선생님께서 가르치신 과목.

⑥ 동목구인 경우

教 课 的 老 师。
Jiào kè de lǎo shī.
학과를 가르치는 선생님.

看 花 的 人。
Kàn huā de rén.
꽃을 구경하는 사람.

⑦ 수식구가 되는 경우

最 香 的 花。
Zuì xiāng de huā.
가장 향기로운 꽃.

好 多 的 人。
Hǎo duō de rén.
매우 많은 사람.

⑧ 보충구가 되는 경우

写 的 很 好 的 小 说。
Xi de hěn hǎo de xiǎo shuō.
매우 잘 쓰여진 소설.

大 点 儿 的 房 间。
Dà diǎnr de fáng jiān.
좀 큰 방.

⑨ 개사인 경우

对 于 这 个 问 题 的 看 法。
Duì yǔ zhè ge wèn tí de kàn fǎ.
이 문제에 대한 관점.

关 于 贸 易 的 问 题。
Guān yǔ mào yì de wèn tí.
무역에 관한 문제.

알아두기

|관형어 어순| 한 문장 안에서 2개 이상의 관형어가 주어나 목적어 앞에 놓이는 경우가 있다.

```
 1   2    3    4    5
他 这 一 套 新 衣 服 是 在 市 场 买 的。
Tā zhè yí tào xīn yī fu shì zài shì chǎng mǎi de.
            관형어
```
그의 이 한 벌 새 옷은 시장에서 샀습니다.

① 소유 관계를 나타내는 명사, 대명사

他 衣 服 是……
Tā yī fu shì.
그의 옷은……

② 지시 대명사

这 衣 服 是……
Zhè yī fu shì.
이 옷은……

③ 수량구

一 套 衣 服。
Yí tào yī fu.
한 벌 옷.

④ 형용사인 경우

新 衣 服。
Xīn yī fu.
새 옷.

① 부사어(状语 zhuàngyú)란?

문장 안에서 술어를 수식하는 성분을 부사어라고 한다.

알아두기

> **부사어 기능** : 술어와 관계되는 [시간, 장소, 정도, 범위, 양태, 긍정 / 부정, 반복, 피동,
> 원인] 등에 대해 설명한다. 중국어 부사는 항상 술어 앞에 놓인다.

①
주어　부사어　술어
他 明 天 来。
Tā　míng tiān　lái.
그는 내일 옵니다.

②
　　　　부사어　부사　동사술어
她 俩 很 快 就 走 了。
Tā　liǎ　hěn kuài　jiù　zǒu　le.
그들 둘은 바로 갔습니다.

③
　　부사어　동사술어
我 完 全 同 意。
Wǒ wán quán tóng yì.
전 완전히 동의합니다.

④
　　　부사어　형용사술어
比 我 个 子 大。
Bǐ wǒ gè zǐ dà.
저보다 키가 큽니다.

② 부사어로 쓰이는 것

1 _ 부사가 부사어로 되어 술어를 수식한다.

부사
他 就 来。
Tā jiù lái.
그는 곧 옵니다.

부사 부사어
树 很 高。
Shù hěn gāo.
나무가 매우 높다.

2 _ 수량사가 부사어로 되어 술어를 수식한다.

수량 부사어
一 把 抓住。
Yì bǎ zhuā zhù.
한번에 꼭 잡아요.

수량 부사어
三 次 去 了。
Sān cì qù le.
세번 갔었습니다.

3 _ 시간사가 부사어로 되어 술어를 수식한다.

시간 명사
他 今天 来。
Tā jīn tiān lái.
그는 오늘 옵니다.

시간 명사
他 现在 睡 了。
Tā xiàn zài shuì le.
그는 지금 잡니다.

4 _ 형용사 부사가 술어를 수식한다.

형용사 부사어
好 花儿。
Hǎo huār.
예쁜 꽃.

형용사 부사어
新鲜 牛奶。
Xīn xiān niú nǎi.
신선한 우유.

5 _ 조동사 부사어가 술어를 수식한다.

조동사 부사어
他 要 走。
Tā yào zǒu.
그는 가려 한다.

조동사 조동사
能 会 说。
Néng huì shuō.
능히 말할 수 있습니다.

6 _ 대명사 부사어가 술어를 수식한다.

대명사 부사어

这 个 字 这样 写。

Zhè ge zì zhè yàng xiě.

이 글자는 이렇게 씁니다.

대명사

汉语 怎么 说 呢?

Hàn yǔ zén me shuō ne.

한어로 어떻게 말해야 하죠?

7 _ 개사 부사어가 술어를 수식한다.

개사

从 汉 成 会 来。

Cóng Hàn chéng huí lái.

서울에서 돌아 왔습니다.

개사

你 跟 他 走 吧。

Nǐ gēn tā zǒu ba.

너는 그를 따라 가시오.

8 _ 주술구가 부사어로 되어 술어를 수식한다.

주술구 부사어

他 手 忙 脚 乱 拿 钱 跑 了。

Tā shǒu máng jiǎo luàn ná qián pǎo le.

그는 허둥지둥 돈을 가지고 달아났습니다.

주술구 부사어

他 肯 定 而 坚 决(地) 说 下 去。

Tā kěn dìng ér jiān jué (dì) shuō xià qù.

그는 확고하게 말하고 있습니다.

9 _ 중첩형 형용사가 부사어로 되어 술어를 수식한다.

중첩형 형용사구

热 闹 闹 过 生 日。

Rè nào nao guò shēng rì.

즐겁게 생일을 맞이합니다.

중첩형 형용사구

静 静 悄 悄 坐 了。

Jìng jing qiāo qiao zuò zhe.

조용히 앉아 있습니다.

---

3 부사어와 '地'

그대로는 부사어로 쓸 수 없는 단어나 구로 '地'와 함께 쓰이면 술어를 수식할 수 있다.

1 _ 동사 + 地

동사 + 地
他 **感 动 地** 说。
Tā gǎn dòng de shuō.
그는 감동되어 말하기를…

동사
忍 耐 地 坐 着。
Rěn nài de zuò zhe.
참을성 있게 앉아 있습니다.

2 _ 형용사 중 동사로도 활용

동사
他 们 **高 兴 地** 笑 了。
Tā men gāo xìng de xiào le.
그들은 기쁘게 웃었습니다.

동사
我 **愿 意 地** 看。
Wǒ yuàn yì de kàn.
전 볼 것을 원합니다.

3 _ 수식구, 주술구가 '地'를 가지는 경우

수식구
从 做 **很 顺 利 地** 完 成 了。
Cóng zuò hěn shùn lì de wán chéng le.
일은 순리롭게 끝냈습니다.

주술구
你 **简 单 地** 说 吧。
Nǐ jiǎn dān de shuō ba.
당신은 간단하게 이야기하세요.

알아두기

부사어에 '地'를 사용하지 않는 경우

① 부사인 경우

부사
一 定 去。(一定地去。(×))
Yí dìng qù.
꼭 가겠습니다.

② 시간명사일 경우

명사
他 **昨 天** 回 去 了。(他昨天地回去了。(×))
Tā zuó tiān huí qù le.
그는 어제 돌아갔습니다.

③ 조동사인 경우

조동사

应 该 学。(应该地学。(×))

Yīng gāi xué.

응당히 배워야 합니다.

④ 단음절 형용사 경우

형용사

多 写 好。(多地写好。(×))

Duō xiě hǎo.

많이 쓰면 좋습니다.

⑤ 일부 대명사인 경우

대명사

这 么 好 吗？(这么地好吗？(×))

Zhè me hǎo ma.

이렇게도 좋습니까?

⑥ 개사구인 경우

개사구

在 那 儿 走 吧。(在那儿地走吧。(×))

Zài   nàr   zǒu ba.

저기에 갑시다.

개사구

对 电 影 有 兴 趣 吗？(对电影地有兴趣吗？(×))

Duì diàn yǐng yǒu xìng qu ma.

영화에 대해 흥미가 있습니까？

알아두기

|부사어 어순| 시간 → 장소 → 범위 → 정도 / 방식 → 대상 / 방향 → 술어

今 天 在 花 园 里 只 是 简 单 地 跟 他 说 了 一 句。

Jīn tiān zài huā yuán li zhǐ shì jiǎn dān de gēn tā shuō le yí jù.

오늘 화원에서 그녀에게 간단히 말한마디 했을뿐이다.

※부사어의 어순이 엄격히 정해진 것은 아니지만 보통 위와 같은 어순으로 많이 쓰인다.

6 보어 보어란? · 양태 보어 (정도 보어) · 결과 보어 · 방향 보어 · 가능 보어 · 수량 보어

① 보어(补语 bǔyǔ) 란?

술어 뒤에 놓여 술어가 나타내는 내용(동작, 행위, 성질, 상태)을 한층 더 상세하게 설명하는 성분을 말한다. 보어 기능은 문장 안에서 중요한 정보를 나타낸다.

② 양태 보어(情态补语 qíngtài bǔyǔ)

양태보어는 술어(동사, 형용사)뒤에 '得'자 뒤에 쓰인다. 양태보어는 술어인 동사나 형용사가 나타내는 동작, 행위, 상태 등에 대하여 더 상세하게 설명한다.

> **보기** 술어 + 得 + 양태보어
> ---
> 술어　　양태보어
> 他 写 得 很 好。
> Tā xiě de hěn hǎo.
> 그는 글을 잘 씁니다.

1 _ 양태 보어의 특징

- 부정의 형식인 경우
- 술어가 목적어를 가질 경우
- 의문문이 될 경우

① 부정이 될 경우

술어　부정의 잉태보어

他 写 得 不 好。

Tā xiě de bù hǎo.

그는 글을 잘 쓰지 못합니다.

② 술어가 목적어를 가지는 경우

목적어　술어　　양태보어

他 文 章 写 得 很 好。

Tā wén zhāng xiě de hěn hǎo.

그는 문장을 잘 씁니다.

③ 의문문이 될 경우

양태보어 부문이 [긍정＋부정]의 경우

술어　　　양태보어

他 写 得 好 不 好？

Tā xiě de hǎo bu hǎo.

의문사를 사용하는 의문문은 양태보어 위치에 '怎么样'을 써주면 된다

양태보어

他 写 得 好 不 好？

Tā xiě de ↕

怎 么 样？

zěn me yàng?

그가 쓴 것이 어떠해요?

2 ＿ 양태보어로 쓰이는 단어나 구(句)

① 형용사 및 형용사구

형용사　　　형용사　　　　　　　형용사구 양태보어

他 来 得 早、去 得 晚。　　　他 来 得 真 早。

Tā lai de zǎo, qù de wǎn.　　　Tā lai de zhēn zǎo.

그는 일찍 오고 늦게 갑니다.　　　그는 정말 일찍 왔습니다.

형용사 앞에 부사 '很, 太, 真, 非常' 등이 붙어 형용사구가 되고, 이 형용사구가 양태보어로 된다.

② 주술구가 양태보어로 되는 경우

주술구인 양태보어

他 跳 得 满 身 都 是 汗。
Tā tiào de mǎn shēn dōu shì hàn.
그녀는 땀 투성이가 되도록 춤을 춥니다.

주술구인 양태보어

他 说 得 全 是 真 实。
Tā shuō de quán shì zhēn shí.
그가 말한 것은 전부 진실입니다.

③ 보충구가 양태보어로 되는 경우

보충구 양태보어

他 怕 得 说 不 出 来。
Tā pà de shuō bu chū lai.
그녀는 무서워서 말도 하지 못하였습니다.

보충구 양태보어

他 说 得 好 极 了。
Tā shuō de hǎo jí le.
그는 말을 멋지게 합니다.

④ 의문사 '怎么样'이 양태보어로 되는 경우

의문사 양태보어

他 学 得 怎 么 样?
Tā xué de zěn me yàng?
그의 공부가 어떠해요?

의문사 양태보어

他 长 的 怎 么 样?
Tā zhǎng de zěn me yàng?
그의 생김새가 어떠해요?

3 _ 상태의 정도를 나타내는 양태보어

양태보어 중에는 형용사 술어의 상태의 정도를 강조하는 것이 비교적 많다.

형용사술어 양태보어

质 量 都 好 得 很。
Zhì liàng dōu hǎo de hěn.
품질이 모두 훌륭합니다.

형용사술어 양태보어

天 气 热 极 了。
Tiān qì rè jí le.
날씨가 매우 덥습니다.

술어   양태보어

他 们 高 兴 得 了 不 得。
Tā men gāo xìng de liǎo bu de.
그들은 대단히 기뻐합니다.

양태보어

我 穿 难 看 死 了。
Wǒ chuān nán kàn sǐ le.
제가 입으면 정말 보기 싫습니다.

|'得'의 용법| ① '得'는 [얻다, 획득하다]라는 동사로도 쓰인다.

얻다	획득하다
我 得 了 一 百 分。	我 获 得 独 立。
Wǒ de le　yī bǎi fēn.	Wǒ huò de dú　lì.
저는 100전을 맞았습니다.	저는 독립을 획득했습니다.

② '得'는 양태보어로도, 가능보어로도 된다.

[양태보어]	[가능보어]
他 唱 得 很 好。	他 唱 得 好 吗?
Tā chàng de hěn hǎo.	Tā chàng de hǎo ma?
그녀는 노래를 잘 부릅니다.	그녀는 노래를 잘 불러요?

③ '得'는 [요구하다]의 동사와 [~해야 한다]는 조동사로도 쓰인다.

[동사]	[~해야 한다] 조동사
<div align="center">동사</div>	<div align="center">조동사</div>
到 公 司 得 多 长 时 间?	我 得 学 习 了。
Dào gōng sī děi duō cháng shí jiān.	Wǒ děi xué xí　le.
회사에서 얼마쯤 시간이 걸립니까?	전 공부를 해야 합니다.

③ 결과 보어(结果补语)

동사술어　결과보어

他 已 经 说 完 了。
Tā yǐ jing shuō wán le.
그는 이미 말을 마쳤습니다.

위의 문장에서 동사술어 '说'뒤에 직접 '完'이 연결하여 [말하다]라는 동작행위가 수행, 완결되어 무언가의 결과 단계에 이른 것을 나타낸다. 중국어에서는 이런 작용을 하는 단어를 결과 보어라고 한다.

1 _ 결과보어의 특징

① 결과보어로 쓰이는 단음절 동사, 형용사

[동사]

동사결과보어

书 看 完 了。
Shū kàn wán le.
책을 다 봤습니다.

[형용사]

형용사

我 跟 他 说 好 了。
Wǒ gēn tā shuō hǎo le.
그와 잘 말해 놨습니다.

② 술어 + 결과보어 + 목적어

술어 결과보어   목적어

捡 到 了 谁 的 钱 包?
Jiǎn dào le   shéi de qián bāo.
누구의 돈지갑을 주었습니까?

③ [술어 + 결과보어]의 부정은 술어 앞에 '没(有)'를 붙이면 된다.

부정   술어 결과보어

你 的 书 还 没(有) 看 完 呢。
Nǐ de shū hái méi(you)   kàn wán ne.
당신의 책을 다 읽지 못했습니다.

④ 결과보어 + 了 le

결과보어

我 看 见 了 小 李。
Wǒ kàn jiàn le xiǎo Lǐ.
이 군을 보았습니다.

⑤ 의문문의 형태

의문조사를 직접 이용하는 방법

조사

你 能 看 清 楚 吗?
Nǐ néng kàn qīng chū ma?
당신은 능히 똑똑하게 볼 수 있습니까?

반복된 의문문

书 看 完 了 没 有?
Shū kàn wán le méi you?
책은 다 봤어요?

2 _ 결과보어로 흔히 쓰이는 동사, 형용사

동 사			형 용 사		
成	chéng	완성하다, ～으로 되다.	饱	bǎo	충분하다 부르다.
倒	dǎo	넘어지다.	长	cháng	길다.
到	dào	(장소, 목적지)도달하다.	错	cuò	틀리다.
掉	diào	잃어버리다, 떨어지다.	短	duǎn	짧다.
丢	diū	없애다, 잃다.	对	duì	정확하다, 맞다.
懂	dǒng	알다, 이해하다.	干净	gānjìng	깨끗하다, 몽땅 없어지다.
惯	guàn	습관이 되다, 익숙해지다.	清楚	qīngchu	명확하다, 깨끗하다.
够	gòu	만족하다, 충분하다.	高	gāo	높다.
开	kāi	열다, 떨어지다.	大	dà	크다.
死	sǐ	죽다, 멈추다.	多	duō	많다, 지나치게 ～하다.
透	tòu	스며들다, 철저하다.	坏	huài	잘못되다, 나쁘게 되다.
着	zháo	결과, 목적이 달성되다.	远	yuǎn	멀다.
住	zhù	안정되다, 살다.	醉	zuì	취하다.
去	qù	가다.	小	xiǎo	작다.

---

④ 방향 보어(方向补语 fāngxiàng bǔyǔ)

방향보어는 동사술어 뒤에 직접 연결하여 동작, 행위의 방향을 나타내는 단어나 구를 말한다.

동사술어 방향보어

你 拿 去 吧。
Nǐ ná qù ba.
가져가시오.

1 _ 방향보어로 쓰이는 것

① 단순방향보어

跳 上。
Tiào shàng.
뛰어오르다.(낮은 곳에서 높은 곳으로)

放 下。
Fàng xià.
놓아라.(높은 곳에서 낮은 곳으로)

跑 **进**。   走 **过**。
Pǎo jìn.   Zǒu guò.
뛰어들다.(밖에서 안으로)   지나치다.(어떤 곳을 통과하다.)

② 복합방향보어

跳 **出 去**。   跑 **回 来**。   看 **下 去**。
Tiào chū qù.   Pǎo húi lai.   Kàn xià qu.
뛰어나가다.   뛰어서 돌아오다.   계속 보시오.

단순 방향보어	来 lái 오다. 去 qù 가다. 上 shàng 오르다. 下 xià 내리다. 进 jìn 들어가다. 出 chū 나가다. 过 guò 지나다. 起 qǐ 일어나다.
복합 방향보어	上来 shànglai 올라오다. 上去 shàngqu 올라가다. 过来 guòlai 가깝게 오다. 回去 huíqu 돌아가다. 起来 qǐlai 일어나다. 下去 xiàqu 내려가다. 下来 xiàlai 내려오너라. 回去 huíqu 돌아가거라.

③ 방향보어의 파생적 의미(派生的意思 pài shēng de yì si)

방향보어에는 기본적인 의미 외에 파생적 의미를 가지고 있다. 아래에 많이 쓰이고 있는 그 파생적 의미들을 예로 설명한다.

▶ '上'… 높낮이와 상관없이 목표에 도달한다는 의미로 파생되는 경우

插 上 花。   穿 上 衣 服。   锁 上 门。
Chā shàng huā.   Chuān shàng yī fu.   Suǒ shàng mén.
꽃을 꽂다.   옷을 입다.   문을 잠그다.

▶ '下'… 결과가 안정, 고정적으로 남는다는 의미로 파생되는 경우

剩 下。   存 下。   留 下。
Shèng xià.   Cún xià.   Liú xià.
남다.   보관해 두다.   남기다.

▶ '出来'… 무엇인가를 식별, 발견해 내다라는 파생적 의미를 갖는 경우

写 出 来。   看 出 来。
Xiě chū lai.   kàn chū lai.
써내다.   보아내다.

▶ '过去'… 기준점에서 멀어진다는 의미를 갖는 경우

翻 过 去。
Fān guò qu.
넘기다. / 뒤집다.

晕 过 去。
Yūn guò qu.
정신을 잃다. 실신하다.

▶ '起來'… 동사, 형용사 뒤에 붙어 동작, 상태의 시작을 나타내는 경우

想 起 来。
Xiǎng qǐ lai.
생각하면…

用 起 来。
Yòng qǐ lai.
사용하면…

吃 起 来。
Chī qǐ lai.
먹어보면…

团 结 起 来。
Tuán jié qǐ lai.
단결하다.

藏 起 来。
Cáng qǐ lai.
숨기다.

看 起 来。
Kàn qǐ lai.
보면…

2 _ 방향보어와 목적어의 위치

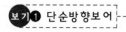 단순방향보어

① '來, 去'와 대상 목적어

　　　　　대상목적어
他 带 来 了 一盒蛋糕。
Tā dài lái le yì hé dàn gāo.
그는 케익을 가지고 왔습니다.

　　　대상목적어
他 寄 一盒蛋糕 去。
Tā jì yì hé dàn gāo qù.
그는 케익을 붙였습니다.

② '来, 去'

　장소목적어
他 回 家 来 了。
Tā huí jiā lái le.
그는 집으로 돌아왔습니다.

　장소목적어
他 回 家 去 了。
Tā huí jiā qù le.
그는 집으로 돌아갔습니다.

※ 장소목적어는 단순방향보어의 앞에 놓인다. 중국어 습관에서 '他回家去了'를 '他回去家了'라고 하지 않는다.

① 대상목적어

대상목적어

他 拿 出 一 本 书 来。
Tā ná chū yì běn shū lai.
그는 책 한 권을 꺼냈습니다.

대상목적어

他 拿 出 来 一 本 书。
Tā ná chū lai yì běn shū.
그는 책 한 권을 꺼냈습니다.

※대상목적어는 복합방향보어 사이에 있을 수도 있고 복합방향보어 뒤에 놓일 수도 있다. 그러나 복합방향보어가 목적어 뒤에 놓일 수는 없다.

② 장소목적어

장소목적어

他 走 出 家 来 了。
Tā zǒu chū jiā lai le.
그는 집으로 돌아갔습니다.

① 목적어가 없는 경우

他 俩 走 进 来 了。
Tā liǎ zǒu jìn lai le.
그들 둘은 걸어서 들어 왔습니다.

술어

他 俩 走 了 进 来。
Tā liǎ zǒu le jìn lai.
그들 둘은 걸어서 들어왔습니다.

※ '瞭'는 복합방향보어 뒤에나 술어 뒤에 놓여도 그 의미는 변하지 않는다.

② 목적어가 있을 경우

장소목적어

他 俩 走 进 屋 里 来 了。
Tā liǎ zǒu jìn wū lǐ lai le.
그들 둘은 방으로 들어 왔습니다.

※목적어(장소, 대상)가 있을 경우 '了'는 언제나 문장 끝에 놓여야 한다.

⑤ 가능 보어(可能补语 kěnéng bǔyǔ)

1 _ 가능보어란?

동사술어 가능보어

'听得 / 不懂 tīng de / bu dǒng 알아들을 수 있다. / 알아들을 수 없다.'에서 동사술어 뒤에 '得'나 '不'가 붙어서 동작 달성의 가능성이나 어떤 상황에 대한 도달가능성을 나타내는 단어를 가능보어라 한다.

2 _ 가능보어의 3가지 형태

(1) 결과보어, 방향보어로 쓰일 수 있는 동사, 형용사

看不完。	kàn bu wán	다 볼 수 없다.
买不起。	mǎi bu qǐ	살 수 없다.
赶不上。	gǎn bu shàng	따라잡을 수 없다. 제 시간에 대지 못한다.
进不去。	jìn bu qù	들어갈 수 없다.
听不清楚。	tīng bu qīng chu	똑똑하게 들리지 않는다.
洗不干净。	xǐ bu gān jìng	깨끗하게 씻을 수 없다.
想不起来。	xiǎng bu qǐ lai	생각나지 않는다.

(2) '不了 bu liǎo'의 형태

'了'의 원래 의미는 [끝내다, 끝나다 모두~해 버리다.]로 쓰이지만 '不了 buliǎo'의 형태는 [~할 수 없다]라는 의미로 쓰인다.

看不了。	kàn bu liǎo	볼 수 없다.
写不了。	xiě bu liǎo	쓸 수 없다.
喝不了。	hē bu liǎo	마실 수 없다.
去不了。	qù bu liǎo	갈 수 없다.
打不了。	dǎ bu liǎo	때릴 수 없다.
受不了。	shòu bu liǎo	참을 수 없다.

(3) '得'와 '不得'의 형태

[긍정형] 동사 + 得

동사
苹 果 **吃** 得 吗 ？　　→　　**吃** 得。

Píng guǒ chī　de　ma?　　　　　Chī　de.
사과를 먹을 수 있어요?　　　　먹을 수 있습니다.

[부정형] 동사 + 不 得

苹 果 吃 得 吗 ？　　→　　**吃** 不 得。

Píng guǒ chī de　ma?　　　　　Chī　bu　de.
사과를 먹을 수 있어요?　　　　먹을 수 없습니다.

3 _ 가능보어의 특징

(1) 목적어의 위치

▶ [동사＋가능보어] 사이에 목적어를 쓸 수 없다.

가능보어　　　　목적어
他 **做 不 完** 这 么 多 的 作 业。

Tā　zuò bu wán　zhè me duō de zuò yè.
그는 이렇게 많은 숙제를 다할 수 없습니다.

▶ 목적어가 주어 앞에, 가능보어는 맨 뒤에

목적어　　　　　주어　가능보어
这 么 多 的 作 业 他 **做 不 完**。

Zhè me duō de zuò yè　tā　zuò bu wán.
이렇게 많은 숙제를 그는 다할 수 없습니다.

(2) 반복 의문문의 형태

▶ [동사 + 가능보어 (긍정 / 부정) + 吗]

가능보어
你 **回 得 来** 吗 ？

Nǐ　huí de lai　ma?
당신은 돌아 올 수 있습니까?

▶ 반복 의문문

긍정형　　부정형

你 回 得 来　回 不 来 ?

Nǐ huí de lai　huí bu lai?

당신은 돌아 올 수 있습니까?

(3) 조동사 '能'과 '可以'의 위치

▶ 조동사 '能 / 可以'가 긍정형의 경우, [동사 + 가능보어]의 앞에 붙을 수 있다.

조동사　동사　가능보어

能/可以 看 得 出 来。

Néng/kě yǐ　kàn de chū lai.

알아 볼 수 있습니다.

(4) 양태보어와의 구별

① 부가성분의 차이

가능보어 형용사 앞에 기타 성분을 더할 수 없다.

写 得 好。

Xiě de hǎo.

잘 썼습니다.

양태보어 형용사 앞에 기타 성분을 더할 수 있다.

부사

写 得 太 好。

Xiě de tài hǎo.

너무 잘 썼습니다.

유의점

　양태보어의 경우 형용사가 단독으로 보어가 되는 경우가 적고 보통 부사 '很, 太, 非常, 十分…'과 같은 것이 형용사 앞에 붙어 양태보어구를 형성한다.

---

② 부정형의 차이

가능보어 '得'를 '不'로 바꿔 부정형을 만든다.

양태보어 '得不'형태면 바로 부정형이 된다.

부정형의 차이비교

	긍 정 형	양태보어
가능보어	说 得 好。 Shuō de hǎo. 말을 잘했다.	说 得 太 好。 Shuō de tài hǎo. 말을 너무 잘했다.
양태보어	说 不 好。 Shuō bu hǎo. 말을 잘할 수 없다.	说 得 不 好。 Shuō de bù hǎo. 말을 잘 하지 못한다.

③ 반복 의문문의 차이

가능보어 동사보어 + 긍정형 + 부정형

동사보어 긍정형   부정형

说 得 好、说 不 好。

Shuō de hǎo,   shuō bu hǎo.

말을 잘 하는가 잘 못하는가?

양태보어 동사보어 + 긍정형 형용사 + 부정형 형용사

동사보어 긍정형용사 부정형용사

说 得 好、不 好?

Shuō de hǎo,   bu hǎo?

말을 잘 합니까?

④ 목적어 위치의 차이

목적어 위치 차이 비교

	[동사보어구 + 목적어]	[목적어 + 동사보어구]
가능보어	写 不 好 文 章。 Xiě bu hǎo wén zhāng. 문장을 잘 쓰지 못합니다.	
양태보어		文 章 写 得 不 好。 Wén zhāng xiě de bu hǎo. 글 쓴 것이 좋지 않다.

⑤ 상용 가능보어

대부분 가능보어는 동사와 결합한 형태로는 사전 속에 없기에 상용가능보어를 아래에 적어 둔다.

搬不动	bān bu dòng	움직일 수 없다.
比不上	bǐ bu shàng	비교할 수 없다.
猜不出来	cāi bu chū lai	맞출 수 없다.
称不起	chēng bu qǐ	말할 수 없다.
吃不到	chī bu dào	먹을 수 없다.
吃不惯	chī bu guàn	입에 맞지 않다.
吃不了	chī bu liǎo	먹을 수 없다.
吃不起	chī bu qǐ	먹지 못한다.
吃不下	chī bu xià	더 먹을 수 없다.
抽不出	chōu bu chū	～낼 수 없다.
出不来	chū bu lái	나갈 수 없다.
错不了	cuò bu liǎo	틀릴수 없다.
达不到	dá bu dào	도달할 수 없다.
担不起	dān bu qǐ	감당할 수 없다.
丢不了	diū bu liǎo	잃어버릴 수 없다.
对不起	duì bu qǐ	미안하다.
对不住	duì bu zhù	미안하다. 안됐다.
分不开	fēn bu kāi	떼어놓을 수 없다.
改不过来	gǎi bu guò lai	고칠 수 없다.
改不了	gǎi bu liǎo	고칠 수 없다.
搁不下	gē bu xià	놓을 수 없다.
合不来	hé bu lai	맞지 않다. 맞출 수 없다.
记不住	jì bu zhù	기억할 수 없다.
见不到	jiàn bu dào	볼 수 없다.
进不去	jìn bu qù	들어갈 수 없다.
看不出来	kàn bu chū lai	알아 볼 수 없다.
看不到	kàn bu dào	볼 수 없다. 만날 수 없다.
看不懂	kàn bu dǒng	읽을 수 없다.
看不见	kàn bu jiàn	볼 수 없다. 만날 수 없다.
看不起	kàn bu qǐ	깔보다
靠不住	kào bu zhù	믿을 수 없다.

来不及	lái bu jí	대일 수 없다. 시간이 없다.
来不了	lái bu liǎo	올 수 없다.
离不开	lí bu kāi	떠날 수 없다.
买不到	mǎi bu dào	살 수 없다 .
买不起	mǎi bu qǐ	살 수 없다.
忙不过来	máng bu guò lai	바빠 어쩔 수 없다.
去不了	qù bu liǎo	갈 수 없다
受不了	shòu bu liǎo	참을 수 없다.
睡不好	shuì bu hǎo	잘 수 없다
睡不着	shuì bu zhǎo	잠들 수 없다.
说不出来	shuō bu chū lai	말 할 수 없다.
说不定	shuō bu dìng	～도 말할 수 없다.
说不好	shuō bu hǎo	말을 잘 할 수 없다.
说不通	shuō bu tōng	말이 통할 수 없다.
算不了	suàn bu liǎo	대단하지 않다. 계산할 수 없다.
算不上	suàn bu shàng	～들 수 없다. 계산이 안된다.
谈不到	tán bu dɑo	말할 수 없다.
谈不上	tán bu shàng	～는 말할 수 없다.
听不出来	tīng bu chū lái	들어서 알 수 없다.
听不见	tīng bu jiàn	들리지 않는다.
忘不了	wàng bu liǎo	잊을 수 없다.
叫不懂	jiào bu dǒng	알아들을 수 없다.
洗不干净	xǐ bu gān jìng	깨끗이 씻을 수 없다.
想不出来	xiǎng bu chū lái	생각할 수 없다.
想不到	xiǎng bu dào	생각지도 못했다.
想不开	xiǎng bu kāi	생각을 못하다.
想不起来	xiǎng bu qǐ lai	생각나지 않다.
写不成	xiě bu chéng	글을 쓸 수 없다.
找不到	zhǎo bu dào	찾을 수 없다.
找不开	zhǎo bu kāi	거스름돈이 없다. 찾을 수 없다.
住不起	zhù bu qǐ	살 수 없다. 주숙할 수 없다.
装不下	zhuāng bu xià	담을 수 없다.
走不动	zǒu bu dòng	걸을 수 없다.
坐不下	zuò bu xià	앉을 수 없다.
坐不起	zuò bu qǐ	앉을수 없다.

1 _ 수량보어란?

동사술어 뒤에서 동작, 행위의 횟수나 진행되는 시간 등을 나타내는 단어를 수량보어(数量补语 shùliàngbǔyǔ)라고 한다.

횟수

동작의 횟수   他 去 过 两 次 。   →   동량보어
Tā qù guò liǎng cì.
그는 두 번 간 적이 있습니다.

시간

시간지속   他 去 两 年 了 。   →   시량보어
Tā qù liǎng nián le.
그가 간 것은 2년이 되었습니다.

2 _ 동사에 '了 / 过'가 붙을 경우 수량보어의 위치

동사술어 + 了 / 过 + 수량보어

동사술어 수량보어   동사술어 수량보어
他 写 了 三 个 小 时 。   这 书 看 过 两 遍 。
Tā xiě le sān ge xiǎo shí.   Zhè shū kàn guo liǎng biàn.
그는 3시간이나 글을 썼습니다.   이 책을 두 번 보았습니다.

3 _ 목적어가 있을 경우 수량보어의 위치

① 동작의 횟수를 나타내는 수량보어

수량보어 목적어   목적어 수량보어
我 坐 两 次 飞 机 。   我 坐 过 飞 机 两 次 。
Wǒ zuò liǎng cì fēi jī.   Wǒ zuò guo fēi jī liǎng cì.
나는 두 번 비행기를 탔습니다.   나는 두 번 비행기를 탄 적이 있습니다.

유의점

수량보어와 목적어의 위치가 서로 바뀌어도 상관없지만 목적어가 <u>대명사일 경우에만</u> <u>수량보어가 목적어 뒤에 위치해야 한다.</u>

대명사 목적어 수량보어

我 见 过 他 两 次。

Wǒ jiàn guo tā liǎng cì.

나는 그를 두 번 만난 적이 있습니다.

② 동작의 지속시간을 나타내는 수량보어의 위치

동사 + 목적어 + 동사 + 수량보어(시간)

동사 목적어 동사 수량보어(시간)

他 坐 飞 机 坐 了 一 个 小 时。

Tā zuò fēi jī zuò le yī ge xiǎo shí.

그는 비행기를 한시간 탔습니다.

동사 목적어 동사 수량보어

他 学 汉 语 学 了 两 年。

Tā xué hàn yǔ xué le liǎng nián.

그는 중국어를 2년 배웠습니다.

③ 동태조사 '了 liǎo'와 어기조사 '了 le'와 동작 지속시간의 관계

동태조사

我 学 汉 语 学 了 两 年。

Wǒ xué hàn yǔ xué liǎo liǎng nián.

나는 한어를 2년 배웠습니다.

어기조사

我 学 汉 语 学 两 年 了。

Wǒ xué hàn yǔ xué liǎng nián le.

나는 한어를 2년 배웠습니다.

알아두기

동태조사 '了 liǎo'는 과거 어느 한 시기를 말하고

어기조사 '了 le'는 시점에서 지금까지의 경과를 말한다.

④ 수량보어가 형용사 뒤에 놓이는 경우

형용사 수량보어

他 高 一 米 八。

Tā gāo yī mǐ bā.

그의 키는 180입니다.

형용사 수량보어

绳 子 长 八 百 米。

Shéng zi cháng bā bǎi mǐ.

끈이 800m나 깁니다.

보어의 종류를 정리한 일람표

종 류	성 질	예 문
양태보어	술어의 동작, 행위의 양태나 상황을 나타낸다. 술어 뒤에 꼭 '得'를 동반 술어로 쓰이는 것 : 단어, 구	他 <u>学 得</u> 好。 Tā xué de hǎo. 그는 공부를 잘한다.
특수 양태보어	술어 상태의 정도를 나타낸다. 보어로 쓰이는 것 : 得很, 极了	他 们 态 度 好 <u>得 很</u>。 Tā men tài dù hǎo de hěn. 그들의 태도는 좋습니다. 高 兴 <u>极 了</u>。 Gāo xìng jí le. 매우 기쁩니다.
결과보어	술어의 동작, 행위의 결과 술어 뒤에 직접 붙는다. 보어로 쓰이는 것 : 동사, 형용사	卖 <u>完</u> 了。 长 <u>高</u> 了。 Mài wán le. Cháng gāo le. 다 팔았다. 키가 컸다.
방향보어	술어의 동작, 행위의 방향을 나타낸다. 결과를 나타내는 것도 있다. 보어로 쓰이는 것 : 이동동사	你 <u>上 来</u>。 你 拿 <u>出 去</u>。 Nǐ shàng lái. Nǐ ná chū gù. 너 올라오나. 가지고 나가라.
가능보어	술어의 동작, 행위의 가능, 불가능. 긍정형은 술어 뒤에 '得'를 부정형은 '得' 대신 '不'를 보어로 쓰이는 것 : 동사 형용사	唱 <u>得</u> 好。 唱 <u>不</u> 好。 Chàng de hǎo. Chàng bu hǎo. 잘 부른다 못 부른다. 看 <u>不 出 来</u>。 错 <u>不 了</u>。 Kàn bu chū lái. Cuò bu liǎo. 알아볼 수 없다 틀릴 수 없다.
수량보어	술어의 동작, 행위가 진행되는 횟수, 지속기간, 특히 길이, 높이의 상태를 나타낸다. 보어로 쓰이는 것 : 수량구	学 了 <u>两 年</u>。 高 <u>两 米</u>。 Xué le liǎng nián. Gāo liǎng mí. 2년을 배웠다. 높이가 2m이다.

제 6 편

문 장

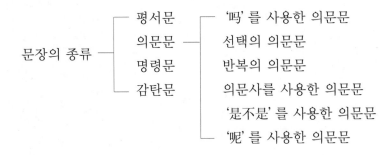

1 단문   문장의 분류 · 문장의 종류 · 술어의 종류

① 문장의 분류

문장은 크게 단문(单句 dānjù)과 복문(复文 fùwén)으로 나눈다.

- 단문 : 하나의 주어와 술어가 있는 문장
- 복문 : 복수의 단문이 연결되어 있는 문장

② 문장의 종류

문장의 종류 ─┬─ 평서문 ─── '吗' 를 사용한 의문문
　　　　　　　├─ 의문문 ─── 선택의 의문문
　　　　　　　├─ 명령문　　　 반복의 의문문
　　　　　　　└─ 감탄문　　　 의문사를 사용한 의문문
　　　　　　　　　　　　　　　 '是不是' 를 사용한 의문문
　　　　　　　　　　　　　　　 '呢' 를 사용한 의문문

③ 술어의 종류

① **동사술어문** : 동사나 동사구가 술어로 된 문장
② **형용사술어문** : 형용사나 형용사구가 술어로 된 문장
③ **명사술어문** : 명사나 명사구가 술어로 된 문장
④ **주술술어문** : 주술구가 술어로 된 문장

2 문장의 종류 평서문·의문문·명령문·감탄문

1 평서문(陈述句 chénshùjù)

어떤 사건에 대해 무엇인가를 서술하는 문장을 말한다.

|평서문에는| 동사술어문, 형용사술어문, 명사술어문, 주술술어문이 있다.

① 동사술어문

동사술어
他 在 学 校 学 习。
Tā zài xué xiào xué xí
그는 학교에서 공부합니다.

② 형용사술어문

형용사
他 学 习 得 很 好。
Tā xué xí de hěn hǎo
그는 공부를 잘합니다.

③ 명사술어문

명사
他 学 得 是 汉 语。
Tā xué de shì hàn yǔ
그가 배운 것은 중국어입니다.

④ 주술문

这 个 大 小 差 不 多。
Zhè ge dà xiǎo chà bu duō
이것 크기는 비슷한 것 같습니다.

② 의문문(疑问句 yìwénjù)

① '吗'를 사용하는 의문문

● 那 位 是 校 长 吗 ?
Nà wèi shì xiào zhǎng ma?
저 분은 교장입니까?

→ 是。 Shì. 예.

→ 不 是。 Bú shì. 아닙니다.

● 他 学 了 吗 ?
Tā xué le ma?
그는 공부했습니까?

→ 学 了。 Xué le. 했습니다.

→ 没 学。 Méi xué. 공부 안 했습니다.

● 他 能 回 来 吗 ?
Tā néng huí lai ma?
그는 돌아 올 수 있습니까?

→ 能 回 来。 Néng huí lai. 올 수 있습니다.

→ 不 能 回 来。 Bù néng huí lai. 올 수 없습니다.

알아두기

위 예문과 같이 '吗'를 사용하는 의문문의 대답은 의문문에서 사용된 술어를 그대로 이용해 대답하는 것이 보통이다.

---

② 선택의 의문문

● 你 去 山 还 是 去 河 ?
Nǐ qù shān hái shì qù hé?
당신은 산에 가겠어요 아니면 강에 가겠어요?

→ 我 去 山。
Wǒ qù shān.
전 산에 갑니다.

● 你 喝 红 茶 还 是 喝 绿 茶？
Nǐ hē hóng chá hái shi hē lǜ chá?
당신은 홍차를 마시겠어요 아니면 녹차를 마시겠어요?

→ 我 喝 绿 茶。
Wǒ hē lǜ chá.
전 녹차를 마시겠어요.

③ 반복의 의문문

● 你 写 不 写？
Nǐ xiě bù xiě?
당신은 쓰겠어요 안 쓰겠어요?(당신은 쓰겠어요?)

→ 我 不 写。
Wǒ bù xiě.
전 안 쓰겠어요.

● 有 没 有 酒？
Yǒu méi yǒu jiǔ?
술이 있습니까?

→ 有。 Yǒu. 있습니다.
→ 对 不 起、没 有 酒。
Duì bu qi, méi yǒu jiǔ.
미안합니다, 술이 없습니다.

▶ 이 외에도

是不是？	shì bu shì	옳습니까？
好不好？	hǎo bu hǎo	좋습니까？
喜不喜欢？	xǐ huan bu xǐ huan	좋아합니까？
知道不知道？	zhī dao bu zhī dao	아십니까？
可以不可以？	kě yi bu kě yi	되겠어요？
能不能？	néng bu néng	할 수 있겠어요？
明白不明白？	míng bai bu míng bai	알겠습니까？

会不会？	huì bu huì	알겠습니까?
要不要？	yào bu yào	하겠어요?
吃不吃？	chī bu chī	자시겠어요?

④ 의문사를 사용하는 의문문

의문사를 사용하는 의문문은 상대방에게 구체적인 대답을 요구하는 의문문이다.

▶ 谁 shéi 누구

这 是 <u>谁</u> 的 书 ?　　→　　这 是 我 的 书。
Zhè shì shéi de shū?　　　　Zhè shì wǒ de shū.
이것은 누구의 책입니까?　　　이것은 저의 책입니다.

▶ 哪儿 nǎr 어디

你 去 <u>哪 儿</u> ?　　→　　我 去 北 京。
Nǐ qù nǎr?　　　　　Wǒ qù Běi jīng.
어디에 가요?　　　　　전 북경에 갑니다.

▶ 哪里 nǎli 어느 곳

你 在 <u>哪 里</u> ?
Nǐ zài nǎ li?
당신은 어느 곳에 있어요?

▶ 哪个 nǎ ge 어느 것

<u>哪 个</u> 是 你 的 ?
Nǎ ge shì nǐ de?
어느 것이 너의 것이냐?

▶ 什么 shén me 왜, 무엇 때문에

你 要 <u>什 么</u> ?
Nǐ yào shén me?
무엇을 하시겠어요?

▶ 几 jǐ 몇 개

有 <u>几</u> 口 人 ?
Yǒu jǐ kǒu rén?
몇 분이 계세요?(가족)

▶ 多 duō 어느 정도, 어느 만큼

多大岁数了?
Duō dà suì shu le?
연세가 어떻게 되십니까?

多远呢?
Duō yuǎn ne?
연세가?

▶ 怎么 zénme 어떻게, 왜

怎么写?
Zén me xiě?
어떻게 써요?

怎么不写?
Zén me bu xiě?
왜 안 써요?

▶ 为什么 wèi shén me 무엇 때문에, 왜

为什么没来?
Wèi shén me méi lai?
무엇 때문에 안 왔어요?

▶ 怎么样 zen me yang 어떻습니까?

你看怎么样?
Nǐ kàn zěn me yàng?
당신 보건데 어떻습니까?

⑤ '是不是'를 사용하는 의문문

是不是星期五?
Shì bu shì xīng qī wǔ?
금요일이죠? (금요일이 옳습니까?)

星期五是不是?
Xīng qī wǔ shì bu shì?
금요일이죠? (금요일이 옳습니까?)

⑥ '呢'를 사용하는 의문문(명사 뒤에)

명사
我的 书 呢?
Wǒ de shū ne?
나의 책은?

명사
他们都写了。你 呢?
Tā men dōu xiě le   nǐ ne?
그들은 모두 썼습니다. 당신은요?

③ 명령문(命令句 mìnglìngjù)

① 동사 및 동사구로 문장이 시작되는 경우

读!
Dú!
읽으시오!

读 一 下。
Dú yí xià.
읽어보시오.

② 부사어가 붙는 경우

好 好 读。
Hǎo hao dú.
잘 읽으시오.

认 真 地 学。
Rèn zhēn de xué.
공부를 착실히 하시오.

慢 慢 儿 走。
Màn manr zǒu.
천천히 가시오.

③ 인칭대명사를 주어로 하는 경우

你 去!
Nǐ qù!
너는 가거라!

你 们 来。
Nǐ men lái.
너희들은 오거라.

④ 금지를 나타내는 명령문은 동사 앞에 '不要 buyào, 别 bié, 不必 búbì, 不用 búyòng' 등
을 붙인다.

不 要 走。
Bú yào zǒu.
가지 마세요.

别 看。
Bié kàn.
보지 마세요.

不 必 写 了。
Bú bì xiě le.
쓰지 마세요.(쓸 필요 없습니다.)

不 用 走。
Bú yòng zǒu.
가지 마세요.

不 要 吸 烟。
Bú yào xī yān.
담배를 피우지 마세요.

⑤ 문장 앞에 '请'이나 문장 끝에 어기조사 '吧, 啊'가 붙으면 문장이 부드러워져 의뢰,
권고, 제안 등을 나타낸다.

请 进。
Qǐng jìn.
들어오세요.

快 走 啊。
Kuài zǒu a.
빨리 갑시다.

你 上 班 吧。
Nǐ shàng bān ba.
출근 하세요.

4 감탄문(感叹句 gǎntànjù)

① 감탄의 기분을 나타내는 단어로는 '多么 duō me… …啊 a!' '真 zhēn… …啊 a!' '太
tài… …啊 a!'등이 있다.

▶ '多么 duō me… …啊 a!'

多么 美 丽 啊!
Duō me měi lì a!
얼마나 아름다워요!

▶ '真 zhēn… …啊 a!'

真 凉 快 啊!
Zhēn liáng kuai a!
정말 시원하다!

▶ '太 tài… … 啊 a!'

太 好 啊!
Tài hǎo a!
너무 좋다!

② '极了 jíle, 得很 dehěn, 死了 sǐle'등의 양태보어를 형용사 뒤에 붙여 감탄의 기분을
나타낸다.

양태보어
热 极 了!
Rè jí le!
너무 덥다!

양태보어
快 得 很!
Kuài de hěn!
너무 빠르다!

양태보어
饿 死 了!
È sǐ le!
배고파 죽겠다!

1 상관어구(关联词语 guānliáncíyǔ)

단일문(单句) 사이의 의미상 상관관계를 나타내는 어구를 상관어구라고 한다. 상관어구에는 접속사와 부사가 있다.

1_상관어구로 흔히 쓰이는 접속사

虽 然	suī rán	그렇지만		只 要	zhǐ yào	~만 하면
要 是	yaò shi	만약 ~하면		因 为	yīn wèi	~하므로

2_상관어구로 흔히 쓰이는 부사

就	jiù	~곧, 바로, 즉시, 다만		还	hái	여전히, 아직도, 더욱이, 또한
也	yě	역시, 도, 또, 그런 대로		才	cái	방금, 이제 막, 이제서야
都	dōu	다, 벌써, 심지어, 모두		却	què	그러나, 반대로

2 단독상관어구와 연용상관어구

상관어구는 단독으로 사용되기도 하고, 접속사, 부사와 결합하여 연용(连用 liányòng)되는 것도 있다.

1 _ 단독으로 사용하는 상관어구

부사상관어구

他 们 吃、我 也 吃。

Tā men chī   wǒ yě chī.

그들이 먹으면 나도 먹겠습니다.

부사상관어구   부사상관어구

我 们 早 来 了、他 才 来。

Wǒ men zǎo lai le   tā cái lai.

우리는 일찍 왔는데, 그는 이제야 왔습니다.

2 _ 연용되는 상관어구

부사상관어구   부사상관어구

你 再 说、他 也 不 听。

Nǐ zài shuō   tā   yě bu tīng.

당신이 거듭 말해도, 그는 듣지도 않습니다.

접속사   접속사

因 为 不 舒 服、所 以 我 不 去。

Yīn wèi bu shū fu,   suǒ yǐ   wǒ bu qù.

불편하기 때문에 가지 않겠습니다.

접속사   부사

如 果 有 事、就 给 我 打 电 话。

Rú guǒ yǒu shì,   jiù gěi wǒ dǎ diàn huà.

만약 일이 있으면, 저에게 전화 주십시오.

③ 복문(复句 fùjù)이란?

몇 개의 단문(单句 dānjù)이 연결(连结 liánjié)되어 있는 문장을 복문이라고 한다.

상관어구 단문 상관어구   단문

如 果 下 雨 就 别 上 学 了。

Rú guǒ xià yǔ   jiù   bié shàng xué le.

만약 비가 오면 학교에 가지 말아요.

알아두기

단문(单句)은 상관어구(关联词语 guānliáncíyǔ)에 의해 연결되어 하나의 복문을 구성한다.

동사술어   목적어

我 发现 有的学生偷偷地吸烟。

Wǒ fā xiàn yǒu de xué sheng tōu tou de xī yān.

저는 일부 학생들이 몰래 흡연하는 것을 발견했습니다.

위의 문장은 동사술어와 목적어로 된 하나의 단문(单句)이다.

④ 복문의 분류

1 _ 연합복문(联合复句 liánhéfùjù)

복문에서 어느 단문(单句)이 주절(主节)이 되고 어느 단문이 종속이 되는 것이 아니라 연결된 단문이 의미상 동등한 관계를 갖는 문장을 연합복문이라고 한다.

단문절 ①   단문절 ②

他学汉语、我学英语。

Tā xué hàn yǔ,   wǒ xué yīng yǔ.

그는 중국어를 배우고, 나는 영어를 배웁니다.

2 _ 주종복문(偏正复句 piānzhèngfùjù)

복문에서 의미상 어느 한 단문이 주절(主节)이 되고 어느 한 단문은 종속(从属 cóng shǔ)이 되는 관계에 있어 종절이 주절을 보존하는 문장을 주종복문이라고 한다.

종절   주절

如果他来、我也去。

Rú guǒ tā lai,   wǒ yě qù.

만약 그가 오면 저도 가겠습니다.

알아두기

|복문| ┌ **연합복문** : 단문과 단문이 의미상 동등한 관계
      └ **주종복문** : 한 단문이 주절이고 기타 단문은 종절인 관계

연합복문(联合复句 liánhéfùjù)

① 병렬관계

몇 개의 사건에 대하여 각각 무엇인가를 서술하는 것.

他学中文、我学英文。
Tā xué zhōng wén, wǒ xué yīng wén.
그는 중국어를 배우고, 나는 영어를 배웁니다.

② 연속관계

연속 일어난 동작, 행위, 사건에 대하여 그 순서를 서술하는 것.

他先去买菜、在准备做饭。
Tā xiān qù mǎi cài, zài zhǔn bèi zuò fàn.
그는 먼저 채소를 사러가고 다음 밥지을 준비를 합니다.

③ 점층관계

앞의 단문에 이어 뒤의 단문이 한층 더 무엇인가를 서술하는 것.

不但 质量不好、而且 价格贵。
Bú dàn zhì liang bu hǎo, ér qiě jià gé guì.
품질도 나쁠뿐더러, 값도 비쌉니다.

④ 선택관계

몇 개의 단문 중에서 단문 하나를 선택하는 것.

他是老师、还是学生?
Tā shì lǎo shī, hái shì xué shēng?
그는 선생인가요 아니면 학생인가요?

연합복문에 흔히 쓰이는 상관어구

① 병렬관계

又~又~	yòu~ yòu~	또~ 또
一边~ 一边~	yī bian~ yī biān~	면서~ 면서
不是~ 而是~	bú shì~ ér shì~	아니라~이다

② 연속관계

先~ 再~   xiān~ zài~   먼저~ 다음~

先~ 然后~   xiān~ rán hòu~   우선~ 다음 / 연후

③ 점층관계

不但~而且~   bú dàn~ ér qiě~   뿐만 아니라~ 또한

不仅~而且~   bu jǐn~ ér qiě   뿐 아니라~ 또한

④ 선택관계

(是)~ 还是   (shì)~ hái shì   은~ 역시 / 그래도

或者~或者   huò zhě~ huò zhě   혹은~ 혹은

6 주종복문(偏正复句 piānzhèngfùjù)

① 인과관계

앞 단문(单句)은 원인, 전제를, 뒷 단문은 결과나 판단을.

因为 他 没 教、**所以** 我 不 懂。
Yīn wèi tā méi jiāo, suǒ yǐ wǒ bu dǒng.
그가 가르치지 않았기 때문에, 저는 모릅니다.

② 전환관계

앞 단문 내용에 대해 뒷 단문은 반대되는 내용을 서술.

他 **虽然** 漂亮、**但是** 性格 不 好。
Tā suī rán piào liang, dàn shi xìng ge bu hǎo.
그는 비록 예쁘지만 성격이 좋지 않습니다.

③ 조건관계

앞 단문이 조건을 서술하고 뒷 단문은 그 조건에 의해 생기는 결과를 서술.

只有 富强、**才会** 强大。
Zhǐ yǒu fù qiáng, cǎi huì qiáng dà.
부강해야만 강대해지는 것입니다.

④ 가정관계

앞 단문이 어떤 가정을 서술하고 뒷 단문은 그 가정에 기초해 생기는 결과, 추리, 판단에 대해 서술.

要是 坐不到飞机、就 坐车。
Yào shì zuò bu dào fēi jī,　jiù zuò chē.
만약 비행기를 못 타면, 열차를 탑시다.

⑤ 취사관계

두 개의 내용을 비교한 다음 앞 단문의 내용을 버리고 뒷 단문의 내용을 선택하는 것.

宁可 一夜不睡、也 要把作业做完。
Nìng kě yí yè bú shuì, yě yào bǎ zuò yè zuò wán.
밤새 자지 않더라도, 숙제를 다해야 합니다.

주종복문에 흔히 쓰이는 상관어구

① 인과관계

| 因为~ 所以~ | yīn wèi~ suǒ yǐ~ | 때문에~ 그러므로~ |
| 既然~ 就~ | jì rán~ jiù~ | 이미 / 이상~ 곧~ |

② 전환관계

| 虽然~ 但是~ | suī rán~ dàn shì~ | 비록~ 그러나 |
| 尽管~ 但是~ | jǐn guǎn~ dàn shì~ | 비록~할지라도 그러나 |

③ 조건관계

只要~ 就~	zhǐ yào~ jiù~	다만~ 곧~
只有~ 才~	zhǐ yǒu~ cái~	오직~해야만 ~서야
除非~ 才~	chú fēi~ cái~	오로지~해야만 ~서야
不管~ 都 / 也~	bù guǎn~ dōu / yě~	어쨌든~ 다. / 야.

④ 가정관계

要是~ 就~	yào shi~ jiù~	만약~면 곧 / 바로~
如果~ 就~	rú guǒ~ jiù~	만일~ 곧 / 바로
即使~ 也~	jí shǐ~ yě	만약~라도 ~하다.

哪怕~ 却~	nǎ pà~ què	설사~하더라도
就是~ 也~	jiù shì~ yě~	만약~하더라도 ~하다
再~ 也	zài~ y~	아무리~해도 ~하다
倘若~ 就~	tǎng ruò~ jiù~	이라면~ 만약~
要不~ 就~	yào bu~ jiù~	그럴지 않으면

⑤ 취사관계

宁可~ 也不~	nìng kě~ yě bù~	오히려 ~라도
宁可~ 也要~	nìng ke~ yě yào~	~라도 ~한다.
与其~ 不如~	yǔ qí~ bu rú~	~보다는 오히려 ~못하다.
要么~ 要么~	yào mc~ yào me~	~이든지 ~이든지
不是~ 就是~	bú shì~ jiù shì~	~가 아니면 ~이다.

긴축문이란? · 흔히 쓰이는 긴축문 유형

① 긴축문(紧缩句 jǐn suō jù)이란?

형식상 단문(单句)으로 보이지만 의미상으로 복문(复句)에 상당하는 것을 축소된 복문을
긴축문이라고 한다.

|복문| 　如果 不 见 的 话、 就 不 散。
　　　rú guǒ　bu jiàn de huà,　jiù　bu　sàn.
　　　만약 만나지 못하면 가지 않는다.

|긴축문| 不 见 不 散。
　　　　bu jiàn bu sàn.
　　　　만나지 못하면 가지 않는다.

알아두기 -

　　　위의 긴축문은 중국어에서 벌써 관용어(惯用语 guànyòngyǔ)로 된 특수 예문이다.

- -

② 흔히 쓰이는 긴축문 유형

① 不 bù ~ 不 bù : 하지 않으면 안된다.(가정관계)

不 冷 不 热 。　　　　　　不 合 适、 不 买。
bù lěng bú　rè.　　　　　　bù hé shì,　bù mǎi.
춥지도 덥지도 않습니다.　　　　적합하지 않으면 않삽니다.

② 越 yuè ～ 越 yuè : ～하면 할수록 점점더(연속관계)

　　越 来 越 近。
　　Yuè lai yuè jìn.
　　오면 올수록 점점 가까워 집니다.

③ 非 fēi ～ 不可 bùkě : ～하지 않으면 안된다.(필요성)

　　非 你 去 不 可。
　　Fēi nǐ　qù bu　kě.
　　당신이 가지 않으면 안됩니다.

④ 不 bu ～ 也 yě ～ : 만약 ～ 하지 않아도 ～(가정관계)

　　不 走 也 可 以。
　　Bu zǒu yě　kě　yǐ.
　　가지 않아도 괜찮습니다.

제 7 편

요점문법

1   '是 ~的' 구문이란?

중국어에서 '是'와 '的' 사이에 강조하고자 하는 내용을 써 넣어 강조해 표현하는 문장을 '是 ~的' 구문('是 ~的' 句式)이라고 한다.

강조구   동사

我 是 从 学 校 来 的。

Wǒ shì cóng xué xiào lai de.

전 학교에서 왔습니다.

강조구   동사

他 是 用 汉 语 说 的。

Tā shì yòng hàn yǔ shuō de.

그는 중국어로 말했습니다.

> **보기**
> 강조하고자 하는 내용은 '是' 뒤에, 동사 앞에 써 넣는다.

2   '是 ~的' 구문의 의문문

'是 ~的' 구문은 보통 의문사를 사용하여 문답형식으로 표현된다.

① 시간을 강조하는 경우

他 是 什 么 时 候 走 的? → 他 是 下 午 两 点 走 的。

Tā shì shén me shí hou zǒu de?   Tā shì xià wǔ liǎng diǎn zǒu de.

그는 언제 갔어요?   그는 오후 2시에 갔습니다.

② 장소를 강조하는 경우

你 是 在 哪 里 来 的 ?　→　是 在 汉 城 来 的。
Nǐ shì zài nǎ li lai de?　　　Shì zài hàn chéng lai de.
당신은 어디에서 오셨습니까?　　서울에서 왔습니다.

③ 관계자를 강조하는 경우

这 书 是 谁 写 的 ?　→　是 李 先 生 写 的。
Zhè shū shì shéi xiě de?　　Shì lǐ xiān sheng xiě de.
이 책은 누가 썼습니까?　　이 선생님이 썼습니다.

④ 방식, 수단을 강조하는 경우

你 是 怎 么 做 的 ?　→　是 用 手 工 做 的。
Nǐ shì zěn me zuò de?　　Shì yòng shǒu gōng zuò de.
어떻게 만들었어요?　　수공으로 만들었습니다.

3 '是 ～的' 구문의 용법

① '是 ～的' 구문의 '是' 가 생략된다.('是 ～的' 구문에서 '是' 는 흔히 회화에서 많이 생략된다.)

你 是 从 汉 城 来 的 ?　=　你 从 汉 城 来 的 ?
Nǐ shì cóng Hànchéng lai de?
당신은 서울에서 옵니까?

② '是 ～的' 구문의 부정
'是' 앞에 '不' 를 붙여주면 된다.

他 不 是 从 汉 城 来 的。
Tā bu shì cóng Hànchéng lai de.
그는 서울에서 오지 않았습니다.

③ '是 ～的' 구문의 동사가 목적어를 갖는 경우
　　　　　　　동사 목적어
我 是 给 她 送 礼 物 的。
Wǒ shì gěi tā sòng lǐ wù de.
저는 그녀에게 선물을 보냈습니다.

▶ 동사 + 的 + 목적어

　　　　　　동사　　목적어

他 是 今 天 到 的 北 京。
Tā shì jīn tiān dào de běi jīng.
그는 오늘 북경에 도착했습니다.

▶ 목적어가 대명사인 경우나 '동사 + 목적어' 뒤에 방향보어가 붙을 경우 '的'는 반드시 문장 끝에 위치해야 한다.

　　　　　　　동사　　대명사

我 是 在 公 园 里 遇 见 她 的。
Wǒ shì zài gōng yuǎn lǐ yù jiàn tā de.
나는 공원에서 그녀를 만났습니다.

　　　　　동사　목적어　방향보어

他 是 从 北 京 回 汉 城 来 的。
Tā shì cóng běi jīng huí hàn chéng lai de.
그는 북경에서 서울로 돌아 왔습니다.

2 연동문 연동문이란? · 연동문의 특징

① 연동문(连动句 liándòngjù) 이란?

중국어에는 두 개 또는 그 이상의 동사 및 동사구가 하나의 문장안에서 동일한 주어에 연결되어 대등한 술어로 쓰이는 문장을 연동문이라고 한다.

　　　　주어　동사구　　　　　동사구
今 天 我 去 公 园 玩 了 三 个 小 时。
Jīn tiān wǒ　qù gōng yuǎn wan le sān ge xiǎo shí.
오늘 나는 공원에 가서 3시간 놀았습니다.

　　동사 동사
我 去 买 衣 服。
Wǒ qù mǎi yī fu.
전 옷을 사러 갑니다.

　　　　　　　　동사 동사　동사
他 们 只 吃 喝 玩 儿。
Tā men zhǐ chī hé wánr.
그들은 먹고 마시고 놀기만 합니다.

② 연동문의 특징

▶ 연동문의 동사가 목적어를 갖는 경우

　　동사 동사 목적어
我 去 买 衣 服。
Wǒ qù mǎi yī fu.
저는 옷을 사러 갑니다.

　　　　　목적어　　　목적어
我 去 公 园 玩 儿 一 天。
Wǒ qù gōng yuǎn wánr yī tiān.
전 공원에 가서 하루 놉니다.

② 연동문에서 '了'의 사용방법

동사

他 去 中 国 学 了 半 年。 (문장안에서 사용된 경우)

Tā qù zhōng guó xué le bàn nián.

그는 중국에 가서 반년 배웠습니다.

동사

他 吃 过 早 饭 就 去 了。 (동사끝에 사용된 경우)

Tā chī guo zǎo fàn jiù qù le.

그는 아침을 먹고 바로 갔습니다.

알아두기

문장안에 동사 '来, 去'가 사용되는 경우 한국어로 번역하려면 역방향으로 번역하면 보다 자연스럽다.

我 来 这 儿 学 汉 语。

Wǒ lai zhèr xué hàn yù.

① ⑤ ④ ③ ②

저는 중국어를 배우러 여기에 왔습니다.

① ② ③ ④ ⑤

저는 여기에 와서 중국어를 배웁니다.

3 동태동사

'了' 완성, 실현 동태 · '过' 경험 동태 · '在' 과 '着' 지속, 진행 동태

① '了' 완성, 실현 동태

동사 바로 뒤에 '了'가 붙으면 동작, 행위가 완성되거나 실현되는 것을 나타낸다.

1 _ '了'의 용법

① 과거 어느 시점에 있어서의 [완성, 실현]

<u>과거시점</u> <u>동사동사</u>

昨天 我 去看 了一场电影。
Zuó tiān wǒ qù kàn le yì chǎng diàn yǐng.
나는 어제 영화를 보러 갔습니다.

② 현재 시점에서 [완성, 실현]

현재시점

我 刚 做好 了菜。
Wǒ gāng zuò hǎo le cài.
방금 요리를 다 했습니다.

> **유의점**
>
> '做好'는 [잘했다]는 뜻이 아니고 [다했다]는 뜻으로 풀이되어야 한다.

③ 미래의 어느 시점에서 [완성, 실현]

미래시점

明天 我们拜访了老师之后 就 去玩儿。
Míng tiān wǒ men bài fǎng le lǎo shī zhī hòu jiù qù wánr.
내일 선생님을 뵙고나서 놀러 갑니다.

④ 동작, 행위가 완성 실현되지 않은 것을 표현하려면 동사앞에 '没, 没有'를 붙이면 된다.

我 没(有) 写回信。
Wǒ méi(you)　xiě huí xìn.
전 답신을 쓰지 않았습니다.

2 _ '동사 + 了' 의문문

① '吗'를 사용하는 의문문

睡 好 了 吗?
Shuì hǎo le　ma?
편히 쉬셨습니까?

② '동사 + 了没有' 의문문

信 写 了 没 有?
Xìn xiě　le　méi you?
편지를 썼어요?(편지를 썼어요 안썼어요?)

알아두기

흔히 "写信了吗?"이라고 하고 "写信了没有?"에서 '没有'를 사용하지 않는다.

③ '동사 + 没 + 동사' 반복 의문문

동사　　동사
他 去 没 去?
Tā　qù　méi qù?
그는 갔습니까?(갔습니까 안갔습니까)

동사　　동사
他 去 没 去 学 校?
Tā　qù　méi qù xué xiào?
학교에 갔습니까?

3 _ 동태조사 '了'와 어기조사 '了'의 구별

① 동태조사 '了'는 동사 바로 뒤에 붙는다.

他 吃 了 早 饭。
Tā chī　le zǎo fàn.
그는 아침을 먹었습니다.

② 어기조사 '了'는 문장 끝에 위치한다.

他 吃 早 饭 了。
Tā chī zǎo fàn le.
그는 아침을 먹었습니다.

③ 동태조사 '了'와 어기조사 '了'의 공존

他 吃 了 饭 了。
Tā chī le fàn le.
그는 식사를 끝냈습니다.(그는 식사를 했습니다.)

알아두기 -

> 동태조사 '了'와 어기조사 '了'가 공존할 경우 흔히 동태조사 '了'가 생략된다.

- -

吃 了 饭 了。　→　吃 饭 了。
Chī le fàn le.
식사를 했습니다.

汉 语 学 了 两 年 了。　→　汉语学两年了。
Hàn yǔ xué le liǎng nián le.
중국어를 2년 배웠습니다.

4 _ '동사 + 了'와 목적어

① 동태조사 + 목적어 + 了(어기조사)

　　　　　동태 목적어 어기조사
他 写 了 信 了。
Tā xiě le xìn le.
그는 편지를 썼습니다.

② 동사 앞에 부사가 오는 경우

　　　　부사 동사 동태조사 어기조사
我 们 一 起 看 了 报。
Wǒ men yī qǐ kàn le bào.
우리는 함께 신문을 보았습니다.

③ 동태조사 뒤에 수량구가 오는 경우

수량구　목적어

我 买 了 三 斤 苹 果。

Wǒ mǎi le sān jīn píng guǒ.

저는 3근의 사과를 샀습니다.

5 _ '了'를 사용하지 않는 경우

① 습관적으로, 주기적으로 진행되는 동작, 행위를 나타낼 때

他 常 来 看 我。 → 他常来了看我。(×)

Tā cháng lai kàn wǒ.

그는 자주 만나러 옵니다.

② 동사가 동사구나 주술구를 목적어로 할 때

동사　동사 목적어

他 决 定 去 南 方。 → 他决定了去南方。(×)

Tā jué dìng qù nán fāng.

그는 남방에 가려고 결정했습니다.

③ '没(有) + 동사'일 때

동사

我 没 见 到 她。 → 我没见到她了。(×)

Wǒ mēi jiàn dào tā.

나는 그녀를 만나지 못했습니다.

没(有) 好 好 儿 收 拾 房 间。 → 没(有)好好儿收拾房间了。(×)

Méi(you) hǎo haor shō shi fáng jián.

방을 제대로 청소하지 않았습니다.

2 '过' 경험동태

경험동태는 동사 바로 뒤에 '过'가 붙으면 [~한 적이 있다]라는 동작, 행위의 경험을 나타낸다.

1_ '过'의 용법

① 我看 过 书。
Wǒ kàn guo shū.
나는 책을 읽은 적이 있습니다.

我看 过。
Wǒ kàn guo.
본 적이 있습니다.

② 부사 '曾经, 已经'은 '동사 + 过'와 자주 함께 쓰인다.

　　　부사　동사
我 曾经 住 过 汉 城。
Wǒ cóng jīng zhù guo hàn chéng.
전 서울에서 산적이 있습니다.

　　　부사　동사
这书 已经 看 过。
Zhè shū yī jīng kàn guo.
이 책은 이미 보았습니다.

③ '没(有) + 동사 + 过'인 경우

　　동사 목적어
他 没 坐 过 飞 机。
Tā méi zuò guo fēi jī.
그는 비행기를 탄 적이 없습니다.

　　동사
他 没 来 过。
Tā méi lai guo.
그는 온 적이 없습니다.

2_ '过'의 요점

① 목적어가 있는 경우

동사 + 过 + 목적어

　　동사 목적어
他 没 坐 过 飞 机。
Tā méi zuò guò fēi jī.
그는 비행기를 탄 적이 없습니다.

② '吗'를 사용한 의문문

　　동사　　목적어
你 看 过 书 吗？
Nǐ kàn guo shū ma?
책을 본 적이 있습니까?

③ '동사 + 过 + 没有' 형태의 반복의문문

　　동사
你 看 过 书 没 有？
Nǐ kàn guo shū méi you?
당신은 책을 읽은 적이 있습니까?

④ 의문문에 대답하는 방법으로

你 见 过 小 李 吗?   →   没 见 过。/ 见 过。
Nǐ jiàn guo xiǎo lǐ ma?   Méi jiàn guo / jiàn guo.
당신은 이군을 본 적이 있습니까?   아니오 / 예(본 적이 있습니다.)

3 _ 동작의 완성을 나타내는 '过'

① 吃 饭 了 吗?   →   吃 过 了。
Chī fàn le ma?   Chī guo le.
밥 먹었니?   먹었어.

② 花 都 开 过 了。
Huā dou kāi guo le.
꽃은 이미 다 피었습니다.

③ 我 找 过 了。
Wǒ zhǎo guo le.
찾아 보았습니다.

알아두기

위의 예문에서 '过'는 [경험을 나타낸다]고 보기 보다 [끝내다]는 의미를 갖으며 흔히 동작의 완성에는 동사 뒤에 '了'를 사용한다.

3 '着'와 '在' 지속 · 진행동태

1 _ 지속을 나타내는 '着'

동사 바로 뒤에 '着'가 붙으면 동작 · 행위의 발생 · 결과가 지속되는 것을 나타낸다.

大 门 开 着 呢。   吗 吗 在 沙 发 上 坐 着 呢。
Dà men kāi zhe ne.   Mā ma zài shā fā shang zùo zhe ne.
정원문이 열려져 있습니다.   어머님은 소파에 앉아 있습니다.

他 跟 朋 友 说 着 话 呢。
Tā gēn péng you shūo zhe huà ne.
그는 친구와 말하고 있습니다.

알아두기

지속을 나타내는 '着'가 있는 문장은 흔히 문장 끝에 어기조사 '呢'가 붙는다.

2 _ '着'의 요점

① 부정의 방법

没(有) + 동사 + 着

大 门 开 着 吗 ?　　　→　　没(有) 开 着。
Dà men kāi zhe ma?　　　　　Méi(you)　kāi zhe.
정원문이 열려 있어요?　　　　열려 있지 않습니다.

② 의문문의 형태

동사 + 着 + 没有 / 吗 ?

大 门 锁 着 没 有 / 吗 ?　　→　　没 锁 着。/ 没 有。
Dà men suǒ zhe méi you / ma?　　Méi suǒ zhe / méi you.
정원문을 잠궜습니까?　　　　　　아니요.

③ '동사 + 着 + 목적어'

　　　동사　　　목적어
你 写 着 什 么 ?
Nǐ　xiě　zhe shén me?
당신은 무엇을 쓰고 있습니까?

④ '동사 + 着'의 응용

동사 + 着 + 동사　　　　　　'동사 + 着'의 존현문

　동사　　목적어
我 写 着 去。　　　　　　　庭 园 里 种 着 很 多 花。
Wǒ zǒu zhe qù.　　　　　Tīng yuán lǐ zhòng zhe hěn duō huā.
나는 걸어 가겠습니다.　　　뜰에는 많은 꽃들이 심어져 있습니다.

|着의 3가지 발음과 그 용법|

① zhe : 着 zhe(동태조사)

~ 拿着 ná zhe ~들고

② zhào : 着 zhàu(결과보어 / 가능보어)

~ 找不着。 zhǎo bu zháo 찾지 못하다.

③ zhuó : 着 zhuó(차림 / 복장)

~ 穿着 chuān zhuó 옷차림

3 _ [진행]을 나타내는 '在'

진행은 흔히 동사앞에 '在'를 붙여 나타낸다.

他 在 学 汉 语。
Tā zài xué hànyǔ.
그는 중국어를 배우고 있습니다.

他 在 踢 球。
Tā zài tī qiú.
그는 공을 찹니다.

4 _ [진행]을 나타내는 단어

① [진행]을 나타내는 단어로는 부사로 쓰이는 [在, 바로, 지금] 뿐이다.

他 在 写 小 说。
Tā zài xiě xiǎo shuō.
그는 (지금) 소설을 쓰고 있습니다.

他 在 工 作。
Tā zài gōng zuò.
그는 일을 하고 있습니다.

② '正 + 在동사 + 어기조사'

他 正 在 写 信 呢。
Tā zhèng zài xiě xìn ne.
그는 지금 편지를 쓰고 있습니다.

他 正 在 给 学 生 讲 课 呢。
Tā zhèng zài gěi xué sheng jiǎng kè ne.
그는 지금 한창 학생들에게 수업을 하고 있습니다.

③ 한 문장에 '正'과 '呢'가 오면 '在'가 생략됩니다.

他 正 (在) 看 报 呢。
Tā zhèng kànbào ne.
그는 신문을 보고 있습니다.

他 正 (在) 开 会 呢。
Tā zhèng kāihuì ne.
그는 회의 중입니다.

5 _ '在'의 요점

① 부정의 방법

동사앞에 '在' 대신 '没有'를 붙여준다. 보통 질문에 긍정이나 부정을 동시에 대비적으로 나타내는 경우에 국한한다.

他 在 看 书 吗?   →   他 没(有) 看 书。

Tā zài kàn shū ma?   Tā méi   kàn shū.

그는 책을 읽고 있어요?   그는 읽지 않고 있습니다.

他 在 干 什 么?   →   没 干 什 么。

Tā zài gàn shén me?   Méi gàn shén me.

그는 무엇을 하고 있어요?   아무것도 않하고 있어요.

③ 의문문의 형태

'在'의 문장의 의문문은 '吗'를 사용한다. 반복 의문문은 사용할 수 없다.

他 正 在 学 习 吗?   →   对 / 没 有。

Tā zhèng zài xúe xi ma?   Duì / Méi you.

그는 공부하고 있어요?   예 / 아닙니다.

알아두기

|'在'의 용법|

① 존재동사로 쓰인다.

他 在 家。

Tā zài jiā.

그는 집에 있습니다.

② 장소, 시간, 범위의 개사로 쓰인다.

他 在 文 学 放 面 突 出。   他 在 下 午 休 息。

Tā zài wén xué fāng miàn tū chū.   Tā zài xià wǔ xiū xi.

그는 문학 방면에 돌출합니다.   그는 오후에 휴식합니다.

③ 동작, 행위의 부사로 쓰입니다.

他 在 干 什 么?

Tā zài gàn shén me?

그는 무엇을 하고 있습니까?

4 미래의 표현

'要 ~ 了'의 형태
· 부사 '就, 快, 马上'등이 붙는 경우 ·
'快 ~ 了'의 형태

1_ '要 ～了'의 형태

他 要 回来 了。
Tā yào huí lai le.
그는 곧 돌아 올 것입니다.

天 要 下雪 了。
Tiān yào xià xuě le.
곧 눈이 내리겠습니다.

2_ '就要 ～了'의 형태

就要 结束 了。
Jiù yào jié shù le.
곧 끝나려 합니다.

我们 就要 考试 了。
Wǒ men jiù yào kǎo shì le.
우리는 곧 시험을 치게 됩니다.

3_ '快要 ～了'의 형태

他 快要 毕业 了。
Tā kuài yào bì yè le.
그는 곧 졸업하게 됩니다.

4_ '马上 ～了'의 형태

火车 马上(就要) 开 了。
Huǒ chē mǎ shàng(jiù yào) kāi le.
기차가 곧 떠나려 합니다.

5_ '快 ～了'의 형태

快(要) 上课 了。
Kuài(yào) shàng kè le.
수업이 곧 시작됩니다.

快(要) 上课 了 吗?
Kuài(yào) shàng kè le ma?
수업이 곧 시작됩니까?

5 '把' 자문

'把' 자문이란? · '把' 자문의 특징

1 '把' 자문('把' 字句 bǎzìjù)이란?

동사술어가 나타나는 동작, 행위의 대상이 '把'에 연결되어 주어의 뒤, 술어의 앞에 위치하는 문장을 말한다.

주어　　　　　　동사술어

她 把我的书 拿走了。

Tā　bǎ　wǒ　de shū　ná zǒu le.

그녀는 나의 책을 갖고 갔습니다.

2 '把' 자문의 특징

1 _ 동작, 행위의 대상을 나타낸다.

대상　동사술어

他 把 书 拿走了。

Tā bǎ shū　ná zǒu　le.

그는 책을 갖고 갔습니다.

대상　　　　　동사술어

请你把 你的证件 给我看看。

Qǐng nǐ　bǎ　nǐ　de zhèng jiàn　gěi　wǒ kàn kan.

당신의 증명서를 보여 주세요.

2 _ 동사술어와 보조성분

① 뒤에 '了'와 '着'가 오는 경우

他 把 书 拿 走 了。

Tā bǎ shū ná zǒu le.

그는 책을 갖고 갔다.

你 把 这 本 书 拿 着。

Nǐ bǎ zhè běn shū zǒu zhe.

이책을 가지고 있어요.

② 뒤의 결과보어, 방향보어가 오는 경우

我 把 书 给 了 她。

Wǒ bǎ shū gěi le tā.

난 책을 그녀에게 주었습니다.

　　　　　동사술어　　보어

我 把 书 放 进 书 包 里 了。

Wǒ bǎ shū fàng jìn shū bāo li le.

책을 가방에 넣었습니다.

③ 뒤에 '得'와 양태보어가 오는 경우

你 把 字 写 得 清 楚。

Nǐ bǎ zì xiě de qīng chu.

너는 글자를 똑똑히 쓰세오.

④ 뒤에 '一下'가 오는 경우

你 把 这 字 写 一 下。

Nǐ bǎ zhè zì xiě yí xià.

이 글자를 써보세요.

⑤ 중첩형이 되는 경우

　　　　　　중첩형

请 把 这 事 讨 论 讨 论。

Qǐng bǎ zhè shì tǎo lùn tǎo lùn.

이 일을 의논해 보세요.

3 '把' 자문과 부정

1 _ 복합방향보어와 장소목적어가 함께 쓰이는 '把' 자문

장소목적어

他 把 两 位 朋 友 一 块 屋 里 来 了。
Tā bǎ liǎng wèi péng you yí kuài wū li lái le.
그는 두 친구와 함께 방에 들어 왔습니다.

2 _ '把' 자문의 부정

① '没(有) + 把'

还 没 把 信 寄 给 她。
Hái méi bǎ xìn jì gěi tā.
아직 편지를 보내주지 못했습니다.

알아두기 --

'没 + 把' 경우 흔히 '没' 앞에 '还 hái'를 붙여 사용한다.

----

② '不想把~, 不要把~, 不愿意把~ ~하고 싶지 않다.'의 경우에 '不'로 부정할 수
있다.

不 想 把 汉 语 学 习。
Bù xiǎng bǎ hàn yǔ xué xi.
중국어 공부를 하고 싶지 않습니다.

不 把 作 业 做 完、我 不 去。
Bù bǎ zuò yè zuò wán, wǒ bu qù.
숙제를 완성하지 않으면 가지 않겠습니다.

‘把’ 자문

‘被’字문의 표시방법 ·
‘被’와 ‘叫, 让’의 차이 ·
‘被’자문의 필요 조건

① ‘被’자문(‘被’字句 / 被动句 bèizìjù / bèidòngjù)의 표시방법

‘被’ 자문에서 주어는 동작, 행위의 수익자 / 피해자이며 동작, 행위의 실행자는 ‘被’의 뒤에 놓인다.

수익자(주어)　피동표식　실행자　　　동사구(술어)
　他　　被　我 们　选 为 经 理 了。
　tā　　bèi　wǒmen　xuǎn　wéi jīng lǐ　le.
　그는 우리로부터 지배인으로 당선되었습니다.

보통 ‘被’ 자문의 어순은 고정되어 있다.

② ‘被’와 ‘叫, 让’의 차이

‘被’ 자문에서 ‘被’ 자 위치에 피동을 나타내는 단어 ‘叫, 让, 给’를 사용할 수 있는데 흔히 사역과 피동을 나타낼 수도 있으므로 유의해야 한다.

보통 ‘被’는 서면어에 많이 쓰이고 ‘叫, 让’은 회화에서 많이 쓰인다.

|被| 老 师 的 书 被 学 生 拿 走 了。
　　Lǎo shī de shū bèi xué sheng ná zǒu le.
　　선생님의 책은 학생이 가져갔습니다.

|叫, 让| 老 师 叫(让) 学 生 写 字。
　　Lǎo shī jiào(ràng) xué sheng xiě zi.
　　선생님은 학생에게 글을 쓰게 합니다.

|叫| 老 师 的 书 叫 学 生 弄 脏 了。
　　Lǎo shī de shū jiào xué sheng nòng zāng le.
　　선생님의 책을 학생이 더럽혔습니다.

| 给 |　衣服给 雨 淋湿了。
Yī fu gěi yǔ lín shī le.
옷은 비에 젖었습니다.

'被, 叫, 让'와 '给'의 연용

| 被, 给 |　老师的书被学生给脏了。
Lǎo shī de shū bèi xué sheng gěi zāng le.
선생님의 책은 학생이 더럽혔습니다.

| 叫, 给 |　老师的书叫我给脏了。
Lǎo shī de shū jiào wǒ gěi zāng le.
선생님의 책은 내가 더럽혔습니다.

| 让, 给 |　老师的书让他给脏了。
Lǎo shī de shū ràng tā gěi zāng le.
선생님의 책을 그가 더럽혔습니다.

3　'被'자문의 필요 조건

① 동사술어를 도와주는 성분

| 了 |　钢笔让弟弟丢了。
Gāng bǐ ràng dì dì diū le.
만년필은 동생이 잃어버렸습니다.

～得 + 양태보어

양태보어
房间被保母打扫得 干干净净 。
Fáng jiān bèi bǎo mǔ dǎ sǎo de gān gan jìng jing.
방은 보모가 깨끗이 청소했습니다.

동사 + 목적어

衣 服 被 树 枝 挂 了 一 个 口 子。

Yī fu bèi shù zhī guà le yí ge kǒu zi.

옷은 나뭇가지에 걸려 찢겼습니다.

② '被'가 생략되는 경우

我 的 申 请(被) 批 准 了。

Wǒ de shēn qǐng pī zhǔn le.

저의 신청도 허가 받았습니다.

'被'자문 어순 정리

주어(수익자/피해자)	被	실행자	동사구	기타 단어
杯子 컵을	被	弟弟 동생이	打	碎了。 깨였다.
我的车 나의 차를	被	哥哥 형님이	开	走了。 몰고갔다.
他 그는	被	大家 여러사람들의	表扬	칭찬을 받았다

① 겸어문(谦语句 jiān yǔ jù)

주어　술어　목적어/주어　술어
妈 妈 **叫** **我** (去)**上 学**。
Mā ma　jiào　wǒ　(qù) shàng xué.
어머니는 나를 학교에 가게 했습니다.

위의 문장구성에서 '我'는 '叫'의 목적어이면서 '(去)上学'의 주어이다. 즉 '我'는 앞부분 목적어와 뒤부분의 주어를 겸하고 있다. 이와 같은 단어를 겸어라 하고 겸어를 사용한 문장을 겸어문이라고 한다.

② 사역표현과 겸어문

1 _ 사역의 표현은 '使 · 叫 · 让'과 겸어문의 문형에 의해 나타난다.

주어　사역 목적어/주어　술어
|使| **这 事** **使** **他 们** **非 常 高 兴**。
Zhè shì　shǐ　tā men　fēi cháng gāo xìng.
이 일은 그들을 매우 기쁘게 했습니다.

|叫| 哥 哥 叫 我 把 报 纸 交 给 父 亲。
Gē ge jiào wǒ bǎ bào zhǐ jiāo gěi fù gin.
형님은 나에게 신문을 아버지에게 가져다 드리게 했습니다.

|让| 老 师 让 我 替 她 问 你 好。
Lǎo shī ràng wǒ tì tā wèn nǐ hǎo.
선생님은 나더러 당신에게 안부를 전해달라고 했습니다.

2 _ '使'와 '叫·让'의 차이

'使'는 사역의 전용어이다. '叫·让'은 피동을 나타낸다.

① '使' 뒤의 술어는 흔히 '感动·高兴·满意' 등이 '很·十分·非常' 등의 부사와 함께 쓰인다.

那 小 说 使 我 很 感 动。
Nà xiǎo shuō shǐ wǒ hěn gǎn dòng.
그 소설은 나를 감동 시켰습니다.

这 消 息 使 我 非 常 高 兴。
Zhè xiāo xi shǐ wǒ fēi cháng gāo xìng.
이 소식은 나를 매우 기쁘게 했습니다.

新 政 策 使 我 们 十 分 满 意。
Xin zhèng cè shǐ wǒ men shí fēn mǎn yì.
새 정책은 우리를 크게 만족시켰습니다.

② '叫'와 '让'의 차이

'让'은 일인칭대명사 '我·我们'을 실행자로 하여 [자, ~합시다.]라는 뜻으로 풀이된다. '叫'는 그렇지 못하다.

劳 驾、 让 我 过 去。
Láo jiàn, ràng wǒ guò qù.
미안하지만, 좀 비켜주세요.

让 我 们 为 了 幸 福 干 杯!
Ràng wǒ men wèi le xìng fú gān bēi.
행복을 위해서 건배합시다.

---

② '使·叫·让' 이외의 겸어문

① '请'을 사용하는 겸어문

请。　　　　qǐng.　　　　　어서 오세요.

请用餐。　　qǐng yóng cān.　　진지 드세요.

请进屋。　　　qǐng jìn wū.　　　방으로 들어 갑시다.

请坐。　　　　qǐng zuò.　　　　앉으세요.

② '有'를 사용하는 겸어문

有 人 找 你。
Yǒu rén zhǎo nǐ.
어떤 분이 당신을 찾습니다.

从 前 有 个 老 人 叫 愚 公。
Cóng qián yǒu ge lǎo rén jiào yú gōng.
옛날에 우공이라고 부르는 노인이 있었습니다.(옛날에 한 노인이 있었는데 우공이라고 불러습니다.)

③ '命令'을 사용하는 겸어문

国 务 院 命 令 公 职 员 不 得 收 受 贿 赂。
Guó wò yuàn mìng lìng gōng zhí yuán bù de shǒu shòu huì lù.
국무원은 공직자에게 뇌물을 받아서는 안된다고 명령하였습니다.

▶ 겸어문에 사용되는 동사(명령유형에 속하는 동사)

要求　yāo qiú　　요구하다. ～하게하다.　→　～하게끔 하다.

劝　　quàn　　　권고하여 ～하게하다.　→　～하는 편이 좋다고 말한다.

派　　pài　　　　파견하여 ～가게하다.　→　～가게끔 하다.

④ 겸어문과 주술구를 목적으로 하는 문장

①　주어　술어 목적어/주어　　술어
经 理 叫 我 去 北 京 谈 判。
Jīng lǐ jiáo wǒ　qù běi jīng tán pàn.
사장은 나를 북경에 교섭하러 가게 했습니다.

②　주어　술어　　　　　목적어
我 以 为 他 是 从 汉 城 来 的。
Wǒ yǐ wèi tā shì cóng hàn chéng lai de.
나는 그가 서울에서 온 줄 알았습니다.

③ 妈 妈 叫 姐 姐 去 买 菜。

Mā ma jiào jiě jiě qù mǎi cài.

어머니는 누님을 야채를 사오게 했습니다.

④ 我 希 望 你 再 来 汉 城。

Wǒ xī wàng nǐ zài lái hàn chéng.

저는 당신이 서울에 또 오기를 희망합니다.

1 존현문(存現句 cún xiàn jù)이란?

문장안에 동사술어가 [존재한다 / 출현한다 / 소실하는]이라는 의미를 나타내는 구(句)를 존현문이라 한다.

▶ 존현문

　　장소　　동사술어　　　사람

　江 边　坐 着　男 女 年 轻 人 。
　Jiāng biān zuò zhe　nán nǔ nián qīng rén.
　강변에는 젊은 남녀들이 앉아 있다.

▶ 존현형

　今 天　下 大 雨 。
　Jīn tiān xià dà yǔ.
　오늘 큰 비가 내립니다.

존현문의 어순

자 동 사		동사술어	명사구	
어떤 장면 台	에 上	～있다 坐着	老人。 사람, 사물	이
어떤 때 今天	에서 부터	～하고 있다 ～했다 下了	 雨。	

1 _ 존재를 나타내는 존현문

桌子上 放着 两本书。
Zhuō zi shàng fàng zhe liǎng běn shū.
탁상에 두권 책을 올려놓았습니다.

衣架上 挂着 衣服。
Yī jià shang guà zhe yī fu.
옷걸이에 옷을 걸었습니다.

2 _ 출현을 나타내는 존현문

今天 来了 一位客人。
Jīn tiān lai le yí wèi kè rén.
오늘은 손님 한분이 오셨습니다.

后面开 过来 一辆汽车。
Hoù mian kāi guò lai yí liàng qì chē.
뒤켠에 자동차 한 대가 오고 있습니다.

3 _ 소실을 나타내는 존현문

父亲退了休。
Fù qin tuì le xiū.
아버지는 퇴직을 했습니다.

书架上掉下了一本书。
Shū jià shang diào xià le yì běn shū.
서가에서 책 한 권이 떨어졌습니다.

9 비교의 표현

'比·没有·很'을 사용하는 비교·
비교되는 A와 B의 공통부분은 생략된다.

1 '比'를 사용하는 비교

▶ 'A + 比 + B + 술어'의 형식

① 형용사
今天比昨天 冷。
Jīn tiān bǐ zuó tiān lěng.
오늘은 어제보다 춥다.

② 수량사
弟弟比我小 二岁。
Dì di bǐ wǒ xiǎo èr suì.
동생은 나보다 두 살 어리다.

③ 동사
他比谁都 愿意出国。
Tā bǐ shéi dōu yuàn yi chū guó.
그는 누구보다도 외국에 나가고 싶어합니다.

④ 수량사
体重比以前减少了 五公斤。
Tǐ zhòng bǐ yǐ qián jiǎn shǎo le wǔ gōng jīn.
체중은 이전보다 5kg 줄었습니다.

⑤ 양태보어
他唱歌比我唱得 好多了。
Tā chàng gē bǐ wǒ chàng de hǎo duō le.
그는 나보다 훨씬 노래를 잘 합니다.

⑥ 부사
他的听力比我 更 强。
Tā de tīng lì bǐ wǒ gèng qiáng.
그의 듣기 실력은 나보다 좋다.

⑦ 这 里 比 以 前 好　一 点 儿(一 些)　了。

수량단어

Zhè lǐ　bǐ　yǐ qián hǎo　yì　diǎnr　(yì ziē)　le.
여기는 이전에 비해 조금 좋아졌습니다.

⑧ '比'를 사용하는 관용표현

一 天 比 一 天
Yī tiān bǐ yī tiān.
나날이 / 날마다

一 年 比 一 年
Yī nián bǐ yī nián.
해마다

一 次 比 一 次
Yī cì bǐ yī cì.
매번마다

비교방법 도표

보다~	A 比 B 还 / 更 + 술어
훨씬~	A 比 B ~ 술어 + 得 多 / 多 了
조금~	A 比 B ~ 술어 + 一 点 儿 / 一 些
수치	A 比 B + 술어 + 수량구
관용구 ~마다	一 天 比 一 天 一 年 比 一 年 一 次 比 一 次

2 '没有'를 사용하는 비교

1_A 没有 B + 这么 / 那么 + 술어

A　B　술어

他 没 有 我 这 么 高。
Tā méi yǒu wǒ zhè me gāo.
그는 나만큼 키가 크지 않습니다.

술어

我 没 有 她 那 么 看 电 视。
Wǒ méi yǒu tā nà me kàn dián shì.
나는 그녀만큼 TV를 보지 않습니다.

2_A 没有 B 와 A 不比 B

|没有| 他 没 有 我 来 得 早。
Tā méi yǒu wǒ lai de zǎo.
그는 나만큼 빨리 오지는 않았습니다.

|不比| 他 不 比 我 来 得 早。
Tā bù bǐ wǒ lai de zǎo.
그는 나보다 빨리 온 것은 아닙니다.

> **유의점**
>
> '没有' 와 '不比' 는 한 문장속에서 뜻 차이는 별로 없지만 '不比' 는 일정한 전제에서
> 만 사용이 가능하다.

3 '跟' 을 사용하는 비교

▶ A 跟 B 一样 / 不一樣 / 相同 / 不同

我 的 手 机 跟 你 的 一样 / 相同。
Wǒ de shǒu jī gēn tā de yí yàng/xiāng tóng.
나의 헨드폰은 그의 것과 같습니다.(비슷하다)

我 的 手 机 跟 他 的 不一样 / 不同。
Wǒ de shǒu jī gēn tā de bù yí yàng/bù tóng.
나의 헨드폰은 그의 것과 같지 않습니다.(다릅니다)

4 비교되는 A와 B의 공통부분은 생략된다.

① 这 手 机 比 那(手 机) 好 一 些。
Zhè shǒu jī bǐ nà hǎo yī xiē.
이 핸드폰은 저것(핸드폰)보다 좀 좋습니다.

② 英语的发音比汉语的(发音)还难。
Yīng yǔ de fā yīn bǐ hàn yǔ de   hái nán.
영어의 발음은 중국어 발음보다 더 어렵습니다.

수량사인 경우 생략할 수 없다.

这 五 件 比 那 五 件 好 一 些。
Zhè wǔ jiàn bǐ nà wǔ jiàn hǎo yī xiē.
이 5개는 저 5개보다 좀 났다.

10 부정 '不'의 용법 · 沒/沒有의 용법 · 부분 부정 · 이중 부정

중국어에서 주로 부정(否定 fǒu dìng)을 나타내는 말은 '不, 没, 没有'입니다. 물론 문언문에서는 '无, 未'도 사용된다.

① '不'의 용법

① [~하지 않는다]라는 의미

他 不 来。
Tā bù lái.
그는 오지 않습니다.

不 抽 烟。
Bù chōu yān.
담배를 피우지 않습니다.

② 판단 · 존재를 나타내는 동사의 부정

他 不 是 来 学 习 的。
Tā bú shì lai xué xi de.
그는 공부하러 온 것이 아닙니다.

他 不 像 他 爸。
Tā bú xiàng tā bà.
그는 아버지를 닮지 않았습니다.

他 不 在 家。
Tā bú zài jiā.
그는 집에 없습니다.

③ 심리활동을 나타내는 동사의 부정

我 不 了 解 中 国。
Wǒ bù liǎo jiě zhǒng guó.
전 중국에 대한 요해가 없습니다.

我 不 想 吃 饭。
Wǒ bū xiǎng chī fàn.
밥 먹고 싶지 않습니다.

④ 형용사의 부정

交 通 很 不 方 便。
Jiāo tóng hěn bù fāng biàn.
교통은 매우 불편합니다.

衣 服 没 干。(衣服不干。)
Yī fu méi gān.
옷은 마르지 않았습니다.(옷이 마르지 않습니다.)

⑤ 조동사의 부정

我 不 会 开 车。
Wǒ bú huì kāi chē.
전 차를 운전할 줄 모릅니다.

你 不 应 该 去。
Nǐ bù yīng gāi qù.
당신은 가지 말아야 합니다.

2 '没 / 没有'의 용법

① 미실현 · 미발생의 의미부정

他 没 (有) 来。
Tā méi(you) lái.
그는 오지 않았습니다.

花 没 (有) 开。
Huā méi(you) kāi.
꽃은 피지 않았습니다.

② [동사 + 결과보어]의 부정

결과보어

他 还 没 (有) 写 完 呢。
Tā hái méi (you) xiě wán ne.
그는 아직도 다 쓰지 못했습니다.

他 没 (有) 吃 饭。
Tā méi(you) chī fàn.
그는 밥을 않먹었습니다.

③ '没'는 '有'를 부정

我 没 有 书。
Wǒ méi yǒu shū.
전 책이 없습니다.

这 儿 没 有 游 戏 的 地 方。
Zhèr méi yǒu yóu xì de dì fang.
여기는 유희노는 곳이 없습니다.

④ '没'는 '能 · 敢'을 부정

他 昨 天 很 忙、没 能 去 你 家。
Tā zuó tiān hěn máng, méi néng qù nǐ jiā.
그는 어제 바빠서 당신집에 가지 못했습니다.

天 黑 了、没 敢 去 外 面。
Tiān hēi le, méi gǎn qù wài mian.
날이 어두워 밖에 나가지 못하였습니다.

3 부분부정

부사 '很, 都, 一定'이나 의문대명사 '怎么'가 부정을 나타내는 단어와 함께 쓰이면 부분부정을 나타낸다.

这儿风景不很美丽。
Zhèr fēng jǐng bù hěn měi li.
여기 경치는 그다지 좋지 않다.

这些产品不都是合格的。
Zhè xiē chǎn pǐn bù dóu shì he gē de.
이런 생산품은 전부가 합격된 것은 아닙니다.

他不一定来。
Tā bù yí dìng lɑi.
그는 온다고 할 수 없습니다.

天气不怎么好。
Tiān qì bù zhěn me hǎo.
날씨가 그다지 좋지 않습니다.

알아두기

'很, 都' 뒤에 '不'가 있으면 부분부정이 아니라 완전부정이 된다.

这儿风景很不美丽。
Zhèr féng jing hěn bù měilì.
여기 경치가 말이 아닙니다.

都不是合格的。
Dóu bù shì   hégē de.
모두 불합격입니다.

一定不来。(不一定来。)
Yídìng bù lǎi.
꼭 오지 않는다.(온다고는 할 수 없다.)

4 이중부정

한 문장안에 부정하는 단어가 두 번 사용되는데 형태상에서는 부정이지만 실제상에서는 강한 긍정의 의미가 된다.

他不会不来的。
Tā bú huì bù lɑi de.
그는 오지 않을리 없습니다.(그는 꼭 옵니다)

他不得不改变计划。

Tā bù de bù gǎi biàn jì huà.

그는 계획을 변경하지 않으면 안됩니다.(그는 계획을 꼭 변경합니다)

他外国人没有一个不想去故宫看看。

Wài guó rén méi yǒu yí ge bù xiǎng qù gù gōng kàn kɑn.

외국인은 누구나 다 고궁에 가보고 싶어합니다.

11 반어문

반어문이란? · 반어문의 형태

① 반어문(反问句 fǎn wèn jù / 反语 fǎn yǔ) 이란?

의문문의 형태를 수사적으로 이용해 표현과 반대되는 진의 를 강조하는 문장을 반어문이라고 한다.

> **难道 这样 不学 了?**
> Nán dào zhè yàng bù xué le?
> 설마 이렇게 안배우지는 않겠지요?

② 반어문의 형태

중국어 반어표현에는 독특한 형식이 있어 반어라는 어구를 익히면 빨리 반어문을 가릴 수 있다.

① 难道 ~吗? 설마 ~하겠는가?

> **这字 难道 不懂 吗?**
> Zhè zì nán dào bù dǒng ma?
> 설마 이 글자를 모르지는 않겠지요?

② 难道 ~不成? 설마 ~않다.

> **难道 就 这样 做 了 不 成?**
> Nán dào jiù zhè yang zuò le bù chèng?
> 설마 이렇게 만들었는데 안된단 말인가?

③ 何必 ~呢? 하필 ~는?

> **何 必 生 气 呢?**
> Hé bì shéng qì ne?
> 하필 화를 내기는?

④ 何况 ~? 하물며?

> **你 都 搬 不 动、何 况 我 呢?**
> Nǐ dōu bān bu dòng, hé kuàng wǒ ne?
> 너도 움직일 수 없는 것을 내가 어떻게?

⑤ 还 ~? ~도~?

这 还 用 说？

Zhè hái yòng shuō?

이것도 말해야 해?

⑥ 怎么 ～ 能 ～? 어떻게 ～할 수 있나?

你 怎 么 能 这 样 说 呢？

Nǐ zěn me néng zhè yàng shuō ne?

당신은 어떻게 이렇게 말할 수 있어요?

⑦ 谁 ~? 누구?

谁 这 样 做 了？

Shéi zhè yàng zuò le?

누가 이렇게 했어요?

⑧ 哪里 ~? 어떻게?

哪 里 能 一 天 做 完？

Nǎ li néng yì tiān zuò wán?

어떻게 하루에 다 할 수 있어요?

⑨ 不是 ～吗? ～아닙니까?

他 昨 天 不 是 来 过 了 吗？

Tā zuó tiān bú shì lái guo le ma?

그는 어제 오지 않았뎄어요?

⑩ ～ 什么? ～뭐요?

好 什 么？ 不 如 那 个。

Hǎo shén me? bù rú nà ge.

좋긴 뭐가? 그것보다 못해요.

12 의문사의 연용

하나의 문장안에 의문사(疑问词 yí wèn cí)가 2개 사용되고 그 두 의문사가 밀접한 관계를 가지고 [임의의 모두]를 나타낸다.

① 你要多少、就给多少。
Nǐ yào duō shao, jiù gěi duō shao.
당신이 얼마 하려고 하면 얼마를 주겠어요.

② 你想怎么做、就怎么做吧。
Nǐ xiǎng zěn me zuò, jiù zěn me zuò ba.
당신이 어떻게 하려하면 어떻게 하세요.

③ 谁先回来、谁做饭。
Shéi xiān huí lai, shéi zuò fàn.
누가 먼저 오면 누가 밥을 합니다.

④ 什么时候写完、什么时候回家。
Shén me shí hou xiě wán, shén me shí hou huí jiā.
어느 때 다 쓰면 어느 때 집에 돌아갑니다.

⑤ 你要听什么、我也听什么。
Nǐ yào tīng shén me, wǒ yě tīng shén me.
당신이 무엇을 들으면 나도 무엇을 듣겠습니다.

분류		한중용어
형태소 语素		형 태 소 语 素
		단음절형태소 单音节语素
		복음절형태소 复音节语素
단어 词		단 어 词 语
		접 두 사 前 缀
		접 미 사 后 缀
	합 성 어 合 成 词	연합식 联合式
		수식식 偏正式
		술목식 述宾式
		주술식 主谓式
		중첩식 重叠式
		파생식 附加式
		실 사 实 词
		허 사 虚 词
	품 사 词 类	명 사 名 词
		대 사 代 词
		수 사 数 词
		양 사 量 词
		동 사 动 词
		형용사 形容词
		조동사 助动词

분류		한중용어
단어 词	품 사 词 类	부 사 副词
		개 사 介词
		조 사 助词
		접 속 사 连 词
		감 탄 사 感 词
		의 성 사 拟声词
		단음절어 单音节词
		쌍음절어 双音节词
		복음절어 复音节词
구 句 （ 短 句 ）		명 사 구 名词句
		동 사 구 动词句
		형용사구 形容词句
		부 사 구 副词句
		개 사 구 介词句
		수 량 구 数量句
		방위사구 方位词句
		장 소 구 场所词句
		4 자 구 四字词句
		숙 어 구 熟语词句
		주어 主语
		술어 谓语

분류	한중용어		분류	한중용어
문장성분 句子成分	목적어 宾语			지정반어문 指定疑问句
	보어 补语			'예/아니오' 의문문 是非疑问句
	관형어 定语		구조 构成 方式	병렬 并列
	부사어 状语			수식 偏正
	독립성분 独立成分			술목 述宾
	관련성분 关联成分			주술 主谓
문장 句子	진술문 陈述句			개사구 介宾
	의문문 疑问句			수량 数量
	명령문 祈使句			중첩 重叠
	감탄문 感叹句			연동 连动
	'是'자문 '是'字句			겸어 谦语
	'有'자문 '有'字句			선택 选择
	'把'자문 '把'字句			점층 渐层
	'被'자문 '被'字句			인과 因果
	'让'자문 '让'字句			가정 假定
	연동문 连动句			조건 条件
	겸어문 谦语句			전환 转折
	존현문 存现句			양보 让步
	부정문 否定句			목적 目的
	반어문 反问句			연접 承接
	정반의문문 正反疑问句			역접 逆反